Zacharias Tanee Fomum

LA VRAIE REPENTANCE

Éditions du Livre Chrétien
4, rue du Révérend Père Cloarec
92400 Courbevoie France
editionlivrechretien@gmail.com

Titre Original Anglais : *True Repentance*.

Première édition, 1993, 5 000 exemplaires.
Ce livre a déjà été tiré en 18 500 exemplaires
Huitième Impression, 2012, x xxx exemplaires.

© 1992 Z. T. FOMUM
Tous Droits Réservés

Édité par :
Éditions du livre chrétien
4, rue du Révérend Père Cloarec
92400 Courbevoie - FRANCE
Tél : (33) 9 52 29 27 72
Email : editionlivrechretien@gmail.com

Couverture :
Jacques Maré

JE DÉDIE CE LIVRE À VICTOR ALLAHDOUM

UN HOMME D'UN AMOUR INHABITUEL,
ET D'UNE REPENTANCE SPONTANÉE ET VRAIE.

AVEC JOIE ET COMMUNION DANS LE SEIGNEUR.

TABLE DES MATIÈRES

Préface 9

Partie 1 : LE DOMMAGE CAUSÉ PAR LE PÉCHÉ 13

1 - Ce que le péché fait à Dieu 14
2 - Ce que le péché fait à celui qui pèche 18
3 - Ce que le péché fait à un mari 21
4 - Ce que le péché fait à une épouse 23
5 - Pécher délibérément 26
6 - Tu pourrais ne pas vivre pour commetre un autre péché 29
    Pour avoir violé le sabbat 29
    Pour s'être rebellés contre l'autorité spirituelle 30
    Pour avoir volé 31
    Pour avoir commis la fornication 32
    Pour s'être livré À l'ivresse 33
    Pour avoir blasphémé 34
    Pour avoir touché l'arche sans la qualification requise 34
    Pour avoir regardé vers la mauvaise direction 35
    Pour avoir menti 35
    Pour avoir mangé la nourriture contrairement au commandement de Dieu 36
    Les péchés qui conduisent à la mort varient avec les gens 38
    Chaque péché est très dangereux. Tu dois faire attention 39
    Ce que signifie pécher délibérément 39
    Ce que le péché fait à Satan 41

Partie 2 : LE CHEMIN DE RETOUR À DIEU 43

7 - PREMIÈRE ÉTAPE : La connaissance du péché 44
    La connaissance naturelle du Péché 44
    La connaissance divine du péché 45

La connaissance divine du péché maintenue 47
Une chose à laquelle tu devrais penser 49
8 - DEUXIÈME ÉTAPE: La tristesse à cause du péché 50
La tristesse selon Dieu par opposition à la tristesse selon le monde 50
Des psaumes de tristesse selon Dieu 56
Des exemples bibliques de tristesse selon Dieu 59
Coopérer avec Dieu pour la production de la tristesse selon Dieu 61
La tristesse selon Dieu pourrait te posséder lentement 64
Les fruits de la tristesse selon Dieu 66
9 - TROISIÈME ÉTAPE: La confession du péché 68
La confession 68
Les lois de la confession 79
10 - QUATRIEME ÉTAPE: Abandonner le péché 85
Abandonner le péché 85
Un exemple de fuite devant le péché 90
11- CINQUIÈME ÉTAPE: la restitution 92
La restitution 92
12 - SIXIÈME ÉTAPE: Le pardon 101
Le pardon recherché et reçu 101
13 - SEPTIÈME ÉTAPE: La restauration 105
La Restauration recherchée et reçue 105

Préface

Ce livre est le treizième de la série : «Aides Pratiques Pour les Vainqueurs». Les livres de cette série déjà écrits sont les suivants :

Livre 01	L'Utilisation du Temps
Livre 02	Retraites pour le Progrès Spirituel
Livre 03	Réveil Spirituel Personnel
Livre 04	Rencontres Dynamiques Quotidiennes avec Dieu
Livre 05	L'École de la Vérité.
Livre 06	Comment Réussir dans la Vie Chrétienne.
Livre 07	Le Chrétien et l'Argent.
Livre 08	La Délivrance du Péché de Paresse.
Livre 09	L'Art de Travailler Dur.
Livre 10	Connaître Dieu: le Plus Grand Besoin de l'Heure.
Livre 11	La Restitution: Un Message Important pour les Vainqueurs.
Livre 12	La Révélation: Une Nécessité.
Livre 13	**La Vraie Repentance.**
Livre 14	Tu Peux Recevoir un Cœur Pur Aujourd'hui.
Livre 15	Tu Peux Conduire Quelqu'un à Christ Aujourd'hui.
Livre 16	Le Vainqueur en Tant Que Serviteur des Hommes
Livre 17	Sois Rempli du Saint-Esprit

L'une des raisons pour lesquelles les croyants commettent le péché avec une fréquence aussi alarmante, commettant le même péché de façon répétée, est que leurs yeux n'ont jamais été ouverts pour voir le mal que le péché fait à Dieu. C'est un couteau enfoncé volontairement dans Son cœur ! Une autre raison pour laquelle le péché est commis si délibérément et avec une telle impunité, est que la plupart des croyants ne voudraient pas confronter les dangers que le péché leur cause dans chaque domaine de leur vie. La dernière raison pour laquelle le même péché peut être commis avec beaucoup de fréquence est qu'il n'y a jamais eu de véritable repentance lorsque ce péché fut commis la première fois. De plus, il n'y a pas eu de véritable repentance pour les autres péchés qui furent commis autrefois. Il a dû y avoir une repentance selon le monde, mais, il n'y a pas eu de vraie repentance, une repentance selon Dieu, une repentance biblique. Quand il y a une repentance selon Dieu, il est plus difficile de retourner au même péché.

La vraie repentance inclut : une connaissance du péché, la tristesse à cause du péché, la confession du péché, l'abandon du péché, la restitution pour le péché, le pardon recherché et reçu, et la restauration au cœur de Dieu. Nous allons mettre l'accent sur les cinq premières étapes et parler très brièvement des sixième et septième étapes. Il en est ainsi parce que la sixième et septième étapes, le pardon recherché et reçu, et la restauration recherchée et reçue, coulent naturellement après que les cinq premières étapes ont été entreprises telles que Dieu le veut.

Nous sommes tout à fait conscients du fait que, fondamentalement, seul Dieu peut œuvrer une vraie repentance dans le cœur humain. Nous savons aussi que Dieu accomplira la vraie repentance dans les cœurs qui sont prêts à coopérer avec Lui. Quel que soit ce que Dieu fait, Il ne se repentira pas à la place de l'homme, Il ne peut pas se repentir pour l'homme. Il faut que l'homme se repente lui-même, en réponse à l'œuvre de Dieu. La personne qui est prête à se repentir trouvera que Dieu est plus que disposé à l'aider. La question de savoir qui initie la repentance: Dieu ou l'homme, reviendrait à demander : «Qui est venu le premier, l'œuf ou la poule?» Peu importe lequel est venu le premier. Ce qui est important, c'est que nous ayons des poules et des œufs ainsi que des œufs et des poules. La responsabilité de l'homme, c'est de tout faire pour se repentir. Il peut faire confiance à Dieu pour être fidèle à faire Sa part.

Alléluia.

PREMIÈRE PARTIE

LE DOMMAGE CAUSÉ PAR LE PÉCHÉ

1 - CE QUE LE PÉCHÉ FAIT À DIEU

Le Psalmiste dit : «*J'ai péché contre toi seul, et j'ai fait ce qui est mal à tes yeux*» (Psaumes 51:6).

Le péché est premièrement contre Dieu. Les conséquences du péché sont plus ressenties par Dieu que par quiconque d'autre.

Qu'est-ce que le péché fait à Dieu ? Le péché est un couteau dans:
- l'être
- la nature
- la personne
- la gloire
- les arrêts
- les plans
- la volonté
- les desseins
- le caractère
- la sainteté
- la pureté
- la fidélité
- la bonté
- l'amabilité
- la miséricorde
- l'amour
- la patience
- la paix
- la justice
- le Fils
- le Saint-Esprit

- les créatures
- la création de Dieu.

Pécher, c'est affliger le cœur de Dieu. La Bible dit: «*L'Eternel vit que la méchanceté des hommes était grande sur la terre, et que toutes les pensées de leur cœur se portaient chaque jour uniquement vers le mal. L'Eternel se repentit d'avoir fait l'homme sur la terre, et il fut affligé en son cœur*» (Genèse 6:5-6).

Pécher c'est recrucifier le Seigneur Jésus. La Bible dit: «*Car il est impossible que ceux qui ont été une fois éclairés, qui ont goûté le don céleste, qui ont eu part au Saint-Esprit, qui ont goûté la bonne parole de Dieu et les puissances du siècle à venir, et qui sont tombés, soient encore renouvelés et amenés à la repentance, puisqu'ils crucifient pour leur part le Fils de Dieu et l'exposent à l'ignominie*» (Hébreux 6:4-6).

Pécher c'est inviter les incroyants à blasphémer le nom du Seigneur. La Bible dit : «*Car le nom de Dieu est blasphémé parmi les païens à cause de vous, comme cela est écrit*» (Romains 2:24).

C'est persécuter la Seigneur Jésus. La Bible dit: «*Comme il était en chemin, et qu'il approchait de Damas, tout à coup une lumière venant du ciel resplendit autour de lui. Il tomba par terre, et il entendit une voix qui lui disait : Saul, Saul, pourquoi me persécutes-tu ? Il répondit : qui es-tu, Seigneur? Et le Seigneur dit: Je suis Jésus que tu persécutes*» (Actes 9:3-5).

Chaque fois que tu persécutes un croyant quelconque, tu as persécuté le Seigneur Jésus. Le péché de persécution vise premièrement le Seigneur Jésus, et seulement secondement les croyants.

Pécher, c'est résister au Saint-Esprit. La Bible dit : «*Hommes au cou raide, incirconcis de cœur et d'oreilles ! Vous vous opposez toujours au Saint-Esprit. Ce que vos pères ont été, vous l'êtes aussi. Lequel des prophètes vos pères n'ont-ils pas persécuté ? Ils ont tué ceux qui annonçaient d'avance la venue du Juste, que vous avez livré maintenant, et dont vous avez été les meurtriers»* (Actes 7:51-52).

Pécher, c'est attrister le Saint-Esprit de Dieu. La Bible dit : *«N'attristez pas le Saint-Esprit de Dieu, par lequel vous avez été scellés pour le jour de la rédemption»* (Ephésiens 4:30).

Pécher, c'est éteindre l'Esprit. La Bible dit : *«N'éteignez pas l'Esprit»* (1 Thessalociens 5:19).

Le péché est une tentative de renverser l'Eternel Dieu de Sa place de suprématie. C'est une tentative de se débarrasser de Lui. C'est une tentative de ruiner Ses desseins éternels.

Pour un péché quelconque commis, celui qui souffre le plus, c'est Dieu.

Parce que le péché est fondamentalement contre Dieu, il importe peu, que le péché soit commis en acte ou non. Si c'est un péché en
motif,
pensée,
imagination,
regard,
toucher,
parole,
il fait à Dieu le même mal que s'il était commis en acte.

Parce que le péché est fondamentalement contre Dieu, le mal causé par le péché est fait, même si le péché n'est connu que par

Dieu et par toi. Oui, le mal est causé même si tu le caches ou t'efforces à faire comme si ce n'était pas le péché.

Nous avons dit que le péché est un couteau enfoncé dans le cœur de Dieu. Ce couteau y demeure, jusqu'à ce qu'on se repente véritablement du péché à la façon de Dieu. Ceci étant, la seule repentance qui est vraie, c'est la repentance qui satisfait le cœur de Dieu. C'est dans la vraie repentance que le couteau qui est dans le cœur de Dieu est ôté.

Si tu veux que le couteau que ton péché a enfoncé dans le cœur de Dieu soit ôté, suis le chemin de la repentance selon Dieu, présenté dans ce livre. Si d'autre part, tu veux laisser permanemment le couteau dans le cœur de ton Créateur, ton Sauveur et ton Roi, suis le chemin de la fausse repentance ou de la repentance falsifiée, ou, ne fais rien du tout à ce sujet.

La balle est dans ton camp.

2 - CE QUE LE PÉCHÉ FAIT À CELUI QUI PÈCHE

Quand un homme commet un péché, cela lui cause du mal de la manière suivante:
    a - le dommage spirituel à sa conscience
                              à son intuition
                              à sa communion

    b - le dommage physique à sa pensée
                              à sa volonté
                              à ses sentiments
                              à ses os
                              à son sang
                              à ses muscles

    c - cela lui cause aussi du mal à ses biens
                                     à son emploi
                                     à ses finances
                                     à ses projets
                                     à sa femme
                                     à ses fils
                                     à ses filles
                                     à ses petits-fils
                                     à ses petites-filles
                                     à son père
                                     à son grand-père
                                     à sa mère
                                     à sa grand-mère
                                     à ses cousins
                                     à ses neveux
                                     à ses nièces

à ses tantes
à ses beaux-parents
à sa ville
à sa cité
à sa nation
à son continent
et au monde.

David commit le péché de l'oisiveté une fois dans sa vie. Bien qu'il fût un vaillant guerrier, et qu'il eût combattu plusieurs batailles, cette fois-ci, il resta chez lui au moment où Israël était en guerre. Il dormait au lieu d'être occupé, et après avoir dormi, il décida de se relaxer. La Bible dit : *«L'année suivante, au temps où les rois se mettaient en campagne, David envoya Joab, avec ses serviteurs et tout Israël, pour détruire les fils d'Ammon et pour assiéger Rabba. Mais David resta à Jérusalem. Un soir, David se leva de sa couche; et, comme il se promenait sur le toit de la maison royale, il aperçut de là une femme qui se baignait, et qui était très belle de figure»* (2 Samuel 11:1-2).

Nous savons que David avait péché avec elle, mais son adultère n'était que le fruit du péché d'oisiveté. S'il était allé à la guerre ou s'il était occupé à la prière ou à la musique, le péché n'aurait jamais été commis ! Il se leva de sa couche dans la soirée!!

De ce péché d'oisiveté, découlèrent les péchés suivants :
1. L'adultère.
2. Le fait de pousser Urie à l'ivresse.
3. Le fait de pousser Joab à faire mourir certains par une mauvaise stratégie de guerre.
4. Le fait de faire tuer Urie.
5. Le fait de pousser Amnon son premier fils à violer Tamar sa fille.

6. Le fait de pousser Absalom à tuer Amnon.
7. Le fait de pousser Absalom à se rebeller.
8. Le fait de pousser Absalom à commettre un «adultère d'Etat.»
9. Le fait de pousser plusieurs à mourir dans la rébellion d'Absalom.

Le pire de tout cela fut le fait d'avoir poussé Israël à être en guerre depuis ce temps jusqu'aujourd'hui. La Bible dit : «*Pourquoi donc as-tu méprisé la parole de l'Eternel, en faisant ce qui est mal à Ses yeux ? Tu as frappé de l'épée Urie, le Héthien ; tu as pris sa femme pour en faire ta femme, et lui, tu l'as tué par l'épée des fils d'Ammon. Maintenant, l'épée ne s'éloignera jamais de ta maison, parce que tu m'as méprisé, et parce que tu as pris la femme d'Urie, le Héthien, pour en faire ta femme*» (2 Samuel 12:9-10).

L'épée ne s'est jamais éloignée de la maison de David qui est Israël ! Pense aux six millions de Juifs qui furent tués par Hitler. C'est le résultat du péché d'oisiveté que David avait commis ce jour-là!

Combien horrible est le péché !
Combien profondes sont ses conséquences !!
Combien nécessaire est la vraie repentance !!!

3 - CE QUE LE PÉCHÉ FAIT À UN MARI

Si un mari pèche, il souffrira pour son propre péché. Mais ce n'est pas tout! l'amertume
les murmures
les plaintes
le mépris
le manque de respect
les jalousies
la désobéissance
la colère
l'orgueil
la rébellion

les autres péchés contre Dieu commis par la femme contre le mari exposent le mari au diable, disant : «Je te l'expose. Fais quelque chose contre lui. Venge-moi. Punis-le pour moi. J'aimerais faire quelque chose, mais j'en suis incapable. Toi, fais quelque chose." La vérité est que chaque péché en pensée
motif
parole
acte

justifié ou non justifié, est une prière adressée au diable, et cela lui ouvre un terrain d'action. Le diable pourrait alors:

1. le pousser à rétrograder,
2. bloquer sa croissance spirituelle,
3. bloquer son ministère,
4. pousser les gens à se rebeller contre lui,
5. attaquer sa santé,
6. attaquer son emploi,
7. attaquer ses finances,
8. le pousser à être victime d'un accident,
9. le pousser à être attiré par une autre

femme,
10. lui faire perdre sa capacité de diriger,
11. faire toute autre chose contre lui,
12. le tuer.

En plus, le diable attaquera tout projet dans lequel il est engagé.

1. Une mauvaise épouse rabaisse le mari.
2. Une épouse neutre laisse le mari là où il se trouve.
3. Une bonne épouse élève le mari.
4. Si tu réussis un million de fois avec une mauvaise épouse, tu aurais réussi dix millions de fois seul, et dix milliards de fois avec une bonne épouse.

Ton mari est affecté par ce que tu étais et ce que tu as fait dans le passé, et ce que tu es et ce que tu es en train de faire dans le présent, et il sera affecté dans l'avenir par ce que tu étais, ce que tu es et ce que tu seras.

Pense au péché de Bathshéba. Qu'a-t-elle fait à son mari ? Cela lui coûta sa vie !

Tu as fait de ton mari ce qu'il est devenu !

La vraie repentance de la part de l'épouse ouvrira une porte au Seigneur pour ôter ces tragédies de la vie de l'homme et changer les choses en une bénédiction !

4 - CE QUE LE PÉCHÉ FAIT À UNE ÉPOUSE

Si une épouse pèche, elle souffrira pour ses péchés. Cependant, parce qu'elle est mariée, elle souffrira aussi à cause des péchés de son mari, des péchés commis contre elle et des péchés commis contre Dieu.

Chaque péché que commet un homme affecte sa femme à court ou à long terme. Cela l'affecte physiquement, spirituellement et matériellement. Cela l'expose aux attaques sataniques, même plus que son péché à elle ne peut exposer le mari, car il est sa tête. La meilleure chose qu'un homme puisse faire à sa femme, c'est de marcher devant Dieu en toute pureté et en toute sainteté. Plus il deviendra consacré, plus il deviendra vendu à Dieu, mieux ce sera pour elle physiquement, psychiquement et spirituellement.

D'autre part, s'il pèche, elle en souffrira. Le péché d'un homme pourra causer à une femme les choses suivantes :
1. Une tension artérielle élevée.
2. Des maladies vénériennes.
3. Un avortement.
4. Des ulcères.
5. Des maux de tête.
6. Des maladies de la peau.
7. Les maladies les plus contagieuses.
8. La sécheresse spirituelle.
9. La régression spirituelle.
10. La mort spirituelle.
11. La pauvreté matérielle.
12. Plusieurs querelles.
13. Beaucoup d'amertume.
14. La perte de la vision.
15. La mort physique.

Récemment un jeune homme est mort laissant derrière lui une très jeune veuve et des enfants. Il y a quatorze ans, il a eu une relation qui lui a permis de contacter le virus du SIDA. La maladie a pris tout ce temps pour se développer. Les douze premières années après avoir contacté le virus, il paraissait être en bonne santé. Il a fait ses études, a obtenu un emploi, s' est établi, s'est marié et s' est mis à avoir des enfants. Il y a deux ans, les symptômes ont commencé à apparaître. Ils se sont développés de plus en plus, et maintenant, il est parti. La seule bonne chose qu'on peut en dire est qu'il s'était repenti et avait cru au Seigneur Jésus avant de mourir. Il est parti au ciel, mais qu'en est-il de sa jeune femme ?

Il est très probable qu'elle aussi ait le virus. Eventuellement, elle aussi mourra. Même si elle ne meurt pas, elle ne peut pas se remarier, ou si elle se remariait, le prochain mari contacterait la maladie et en mourrait !

Combien le péché est horrible !!
Combien profondes peuvent être les répercussions du péché d'un mari sur sa femme !

Pense au destin des épouses d'Acan et de Koré ! Elles périrent à cause de leurs maris !

Une fois de plus, il est absolument important que le mari entreprenne la repentance qui satisfait le cœur de Dieu. Quand il le fera, Dieu viendra prendre la situation en main, et un nouveau jour avec Lui au contrôle commencera. Il pardonnera, purifiera, restaurera, et changera le cours des conséquences des péchés de l'homme sur la femme.

La chose la plus significative qu'une femme puisse faire pour son mari, c'est de l'aider à marcher avec Dieu en pureté et en totale consécration. S'il a péché, puisse-t-elle ne pas prendre de repos et ne point donner de repos à Dieu, jusqu'à ce que le seigneur l'amène à la vraie repentance. Amen.

5 - PÉCHER DÉLIBÉRÉMENT

Nulle part dans les Ecritures, il n'est mentionné que des gens qui connaissent le Seigneur Jésus, sachant délibérément qu'un acte est un péché, ont planifié de le commettre et l'ont effectivement commis, parce qu'ils pouvaient venir demander pardon au Seigneur. Déjà dans l'Ancien Testament, le Seigneur avait dit ceci : «Si vous péchez involontairement, en n'observant pas tous ces commandements que l'Eternel a fait connaître à Moïse, tout ce que l'Eternel vous a ordonné par Moïse, depuis le jour où l'Eternel a donné des commandements et plus tard dans les temps à venir; si l'on a péché involontairement, sans que l'assemblée s'en soit aperçue, toute l'assemblée offrira un jeune taureau en holocauste d'une agréable odeur à l'Eternel, avec l'offrande et la libation, d'après les règles établies ; elle offrira encore un bouc en sacrifice d'expiation. Le sacrificateur fera l'expiation pour toute l'assemblée des enfants d'Israël, et il leur sera pardonné ; car ils ont péché involontairement, et ils ont apporté leur offrande, un sacrifice consumé par le feu en l'honneur de l'Eternel et une victime expiatoire devant l'Eternel, à cause du péché qu'ils ont involontairement commis. Il sera pardonné à toute l'assemblée des enfants d'Israël et à l'étranger en séjour au milieu d'eux, car c'est involontairement que tout le peuple a péché.

Si c'est une seule personne qui a péché involontairement, elle offrira une chèvre d'un an en sacrifice pour le péché. Le sacrificateur fera l'expiation pour la personne qui a péché involontairement devant l'Eternel ; quand il aura fait l'expiation pour elle, il lui sera pardonné. Pour l'indigène parmi les enfants d'Israël et pour l'étranger en séjour au milieu d'eux, il y aura pour vous une même loi, quand on péchera involontairement.

«Mais si quelqu'un, indigène ou étranger, agit la main levée, il outrage l'Eternel ; celui-là sera retranché du milieu de son peuple. Il a méprisé la parole de l'Eternel, et il a violé son commandement : celui-là sera retranché, il portera la peine de son iniquité» (Nombres 15:22-31).

Le Nouveau Testament ne donne aucun espoir aux gens qui, après qu'ils ont connu le Seigneur, décident d'aller commettre le péché parce qu'ils seront pardonnés. La Bible dit : «*Car il est impossible que ceux qui ont été une fois éclairés, qui ont goûté le don céleste, qui ont eu part au Saint-Esprit, qui ont goûté la bonne parole de Dieu et les puissances du siècle à venir, et qui sont tombés, soient encore renouvelés et amenés à la repentance, puisqu'ils crucifient pour leur part le Fils de Dieu et l'exposent à l'ignominie. Lorsqu'une terre est abreuvée par la pluie qui tombe souvent sur elle, et qu'elle produit une herbe utile à ceux pour qui elle est cultivée, elle participe à la bénédiction de Dieu ; mais, si elle produit des épines et des chardons, elle est réprouvée et près d'être maudite, et on finit par y mettre le feu*» (Hébreux 6:4-8).

Si tu es en train de planifier de commettre un péché, nous te supplions au nom du Seigneur Jésus de renoncer à cela. Les plans ont dû être faits, mais l'acte n'est pas encore commis. S'il te plaît, démantèle les plans, abandonne-les. Tu as dû y investir beaucoup. Ne t'en fais pas, accepte de subir des pertes et sauve ta vie physique et ta vie spirituelle. Cela pourrait signifier que tu deviennes débiteur de l'homme pour toute la vie. S'il te plaît, brise les plans du péché à n'importe quel prix. Il est préférable que tu deviennes débiteur de toute ta vie que de ruiner ta vie. Si tu vas de l'avant et commets le péché, cela pourrait être bel et bien la fin. Oui, ce pourrait être la fin de ta vie physique, et ce pourrait être la fin de ta vie spirituelle. Ce pourrait être la fin et tu pourrais mourir physiquement tout de suite. Ce pourrait être bel et bien la fin et tu pourrais être séparé de Dieu à jamais avec la seconde mort comme salaire gagné pour ce seul acte de péché délibéré. La Bible dit : «*Mais pour les lâches, les incrédules, les abominables, les meurtriers, les débauchés, les magiciens, les idolâtres, et tous les menteurs, leur part sera dans l'étang ardent de feu et de soufre, ce qui est la seconde mort*» (Apocalypse 21:8).

Si tu as même le moindre amour pour toi-même, ne commets pas le péché que tu avais l'intention de commettre. Nous répétons que cela pourrait être bel et bien la fin. Peu importe la nature du péché : cela pourrait être le vol ; cela pourrait être le meurtre à travers un avortement, cela pourrait être la gloutonnerie, cela pourrait être l'immoralité sexuelle, cela pourrait être tout autre péché. S'il te plaît, ne le commets pas. Aime ta vie dans cette vie. Aime ta vie dans l'éternité. Ne le commets pas !

6 - TU POURRAIS NE PAS VIVRE POUR COMMETTRE UN AUTRE PÉCHÉ

L'une des raisons pour lesquelles les croyants pèchent si facilement, c'est le fait qu'ils ne savent pas que leur péché pourrait les amener à la mort. Plusieurs pensent qu'ils peuvent continuer à pécher et venir toujours à Dieu et être pardonnés. Nous ne disons pas que quiconque se repent sincèrement peut ne pas être pardonné. Nous sommes seulement en train de dire qu'il est très dangereux pour quiconque de pécher délibérément, car ce péché pourrait être le dernier qu'il commet. Il pourrait ne pas avoir l'occasion de se repentir. Il peut mourir au cours du péché, ou peu après qu'il a péché ou avant qu'il n'ait eu le temps de confronter son péché et de se repentir. La Bible dit: «*Si quelqu'un voit son frère commettre un péché qui ne mène point à la mort, qu'il prie, et Dieu donnera la vie à ce frère, il la donnera à ceux qui commettent un péché qui ne mène point à la mort. Il y a un péché qui mène à la mort ; ce n'est pas pour ce péché-là que je dis de prier. Toute iniquité est un péché, et il y a tel péché qui ne mène pas à la mort*» (1 Jean 5:16-17).

Un péché qui mène à la mort est un péché à cause duquel le pécheur meurt physiquement et peut-être spirituellement. Regardons dans la Bible quelques exemples de péché qui menèrent à la mort.

POUR AVOIR VIOLÉ LE SABBAT

«*Comme les enfants d'Israël étaient dans le désert, on trouva un homme qui ramassait du bois le jour du sabbat. Ceux qui l'avaient trouvé ramassant du bois l'amenèrent à Moïse, à Aaron, et à toute l'assemblée. On le mit en prison, car ce qu'on devait lui faire n'avait pas été déclaré. L'Eternel dit à Moïse: cet homme sera puni de mort; toute l'assemblée le lapidera hors du camp. Toute l'assemblée le fit sortir du camp et le lapida, et il mourut, comme l'Eternel l'avait ordonné à Moïse»* (Nombres 15:32-36).

POUR S'ÊTRE REBELLÉS CONTRE L'AUTORITÉ SPIRITUELLE

«Koré, fils de Jitséhar, fils de Kehath, fils de Lévi, se révolta avec Dathan et Abiram, fils d'Eliab, et On, fils de Peleth, tous trois fils de Ruben. Ils se soulevèrent contre Moïse, avec deux cent cinquante hommes des enfants d'Israël, des principaux de l'assemblée, de ceux que l'on convoquait à l'assemblée, et qui étaient des gens de renom. Ils s'assemblèrent contre Moïse et Aaron, et leur dirent: C'en est assez ! Car toute l'assemblée, tous sont saints, et l'Eternel est au milieu d'eux. Pourquoi vous élevez-vous au dessus de l'assemblée de l'Eternel ? Quand Moïse eut entendu cela, il tomba sur son visage. Il parla à Koré et à toute sa troupe, en disant: demain, l'Eternel fera connaître qui est à lui et qui est saint, et il le fera approcher de lui; il fera approcher de lui celui qu'il choisira. Faites ceci. Prenez des brasiers, Koré et toute sa troupe. Demain, mettez-y du feu, et posez-y du parfum devant l'Eternel; celui que l'Eternel choisira, c'est celui-là qui sera saint. C'en est assez, enfants de Lévi! Moïse dit à Koré: Ecoutez donc, enfants de Lévi ! Est-ce trop peu pour vous que le Dieu d'Israël vous ait choisis dans l'assemblée d'Israël, en vous faisant approcher de lui, afin que vous soyez employés au service du tabernacle de l'Eternel, et que vous vous présentiez devant l'assemblée pour la servir ? Il vous a fait approcher de lui, toi, et tous tes frères, les enfants de Lévi, et vous voulez encore le sacerdoce! C'est à cause de cela que toi et toute ta troupe, vous vous assemblez contre l'Eternel ! Car qui est Aaron, pour que vous murmuriez contre lui ? Moïse envoya appeler Dathan et Abiram, fils d'Eliab. Mais ils dirent: nous ne monterons pas. N'est-ce pas assez que tu nous aies fait sortir d'un pays où coulent le lait et le miel

pour nous faire mourir au désert, sans que tu continues à dominer sur nous? Et ce n'est pas dans un pays où coulent le lait et le miel que tu nous a menés, ce ne sont pas des champs et des vignes que tu nous as donnés en possession. Penses-tu crever les yeux de ces gens ? Nous ne monterons pas...

Moïse dit : À ceci vous connaîtrez que l'Eternel m'a envoyé pour faire toutes ces choses, et que je n'agis pas de moi-même. Si ces gens meurent comme tous les hommes meurent, s'ils subissent le sort commun à tous les hommes, ce n'est pas l'Eternel qui m'a envoyé; mais si l'Eternel fait une chose inouïe, si la terre ouvre sa bouche pour les engloutir avec tout ce qui leur appartient, et qu'ils descendent vivants dans le séjour des morts, vous saurez alors que ces gens ont méprisé l'Eternel. Comme il achevait de prononcer toutes ces paroles, la terre qui était sous eux se fendit. La terre ouvrit sa bouche, et les engloutit, eux et leurs maisons, avec tous les gens de Koré et tous leurs biens. Ils descendirent vivants dans le séjour des morts, eux et tout ce qui leur appartenait; la terre les recouvrit, et ils disparurent au milieu de l'assemblée. Tout Israël, qui était autour d'eux, s'enfuit à leur cri ; car ils disaient : fuyons, de peur que la terre ne nous engloutisse» (Nombres 16:1-34).

POUR AVOIR VOLÉ

«*Les enfants d'Israël commirent une infidélité au sujet des choses dévouées par interdit. Acan, fils de Carmi, fils de Zabdi, fils de Zérach, de la tribu de Juda, prit des choses dévouées. Et la colère de l'Eternel s'enflamma contre les enfants d'Israël... Josué dit à Acan : Mon fils, donne gloire à l'Eternel, le Dieu d'Israël, et rends-lui hommage. Dis-moi donc ce que tu as fait, ne me le cache point. Acan répondit à Josué, et dit : il est vrai que j'ai péché contre l'Eternel, le Dieu d'Israël, et voici ce que j'ai fait. J'ai vu dans le butin un beau manteau de Schinear, deux cents sicles d'argent, et un lingot d'or du poids de cinquante sicles; je les ai convoités, et je les ai pris ; ils sont cachés dans la terre au milieu de ma tente, et l'argent est dessous. Josué envoya des gens, qui coururent à la tente ; et voici, les objets étaient cachés dans la tente d'Acan, et l'argent était dessous. Ils les prirent du milieu de la tente, les apportèrent à Josué et à tous les enfants d'Israël, et les déposèrent devant l'Eternel.*

Josué et tout Israël avec lui prirent Acan, fils de Zérach, l'argent, le manteau, le lingot d'or, les fils et les filles d'Acan, ses bœufs, ses ânes, ses brebis, sa tente et tout ce qui lui appartenait; et ils les firent monter dans la vallée d'Acor. Josué dit: pourquoi nous as-tu troublés ? L'Eternel te troublera aujourd'hui. Et tout Israël le lapida. On les brûla au feu, on les lapida, et l'on éleva sur Acan un grand monceau de pierres, qui subsiste encore aujourd'hui. Et l'Eternel revint de l'ardeur de sa colère. C'est à cause de cet événement, qu'on a donné jusqu'à ce jour à ce lieu le nom de vallée d'Acor» (Josué 7:1-26).

POUR AVOIR COMMIS LA FORNICATION

«Israël demeurait à Sittim ; et le peuple commença à se livrer à la débauche avec les filles de Moab. Elles invitèrent le peuple aux sacrifices de leurs dieux ; et le peuple mangea, et se prosterna devant leurs dieux. Israël s'attacha à Baal-Peor, et la colère de l'Eternel s'enflamma contre Israël. L'Eternel dit à Moïse : Assemble tous les chefs du peuple, et fais pendre les coupables devant l'Eternel en face du soleil, afin que la colère ardente de l'Eternel se détourne d'Israël. Moïse dit aux juges d'Israël : que chacun de vous tue ceux de ses gens qui se sont attachés à Baal-Peor.

Et voici, un homme des enfants d'Israël vint et amena vers ses frères une Madianite, sous les yeux de Moïse et sous les yeux de toute l'assemblée des enfants d'Israël, tandis qu'ils pleuraient à l'entrée de la tente d'assignation. À cette vue, Phinées, fils d'Eléazar, fils du sacrificateur Aaron, se leva du milieu de l'assemblée, et prit une lance dans sa main. Il suivit l'homme d'Israël dans sa tente, et il les perça tous les deux, l'homme d'Israël, puis la femme, par le bas-ventre. Et la plaie s'arrêta parmi les enfants d'Israël. Il y en eut vingt-quatre mille qui moururent de la plaie.

L'Eternel parla à Moïse, et dit : Phinées, fils d'Eléazar, fils du sacrificateur Aaron, a détourné ma fureur de dessus les enfants d'Israël, parce qu'il a été animé de mon zèle au milieu d'eux ; et je n'ai point, dans ma colère, consumé les enfants d'Israël. C'est pourquoi tu diras que je traite avec lui une alliance de paix. Ce sera pour lui et pour sa postérité après lui l'alliance d'un sacerdoce perpétuel, parce qu'il a été zélé pour son Dieu, et qu'il a fait l'expiation pour les enfants d'Israël. L'homme d'Israël, qui fut tué avec la Madianite, s'appelait Zimri, fils de Salu ; il était chef d'une maison paternelle des Siméonites. La femme qui fut tuée, la Madianite, s'appelait Cozbi, fille de Tsur, chef des peuplades issues d'une maison paternelle en Madian» (Nombres 25:1-15).

POUR S'ÊTRE LIVRÉ À L'IVRESSE

«Les fils d'Aaron, Nadab et Abihu, prirent chacun un brasier, y mirent du feu, et posèrent du parfum dessus; ils apportèrent devant l'Eternel du feu étranger, ce qu'il ne leur avait point ordonné. Alors le feu sortit de devant l'Eternel, et les consuma : ils moururent devant l'Eternel. Moïse dit à Aaron : c'est ce que l'Eternel a déclaré, lorsqu'il a dit : «Je serai sanctifié par ceux qui s'approchent de moi, et je serai glorifié en présence de tout le peuple. Aaron garda le silence...

L'Eternel parla à Aaron, et dit : tu ne boiras ni vin, ni boisson enivrante, toi et tes fils avec toi, lorsque vous entrerez dans la tente d'assignation, de peur que vous ne mouriez : ce sera une loi perpétuelle parmi vos descendants, afin que vous puissiez distinguer ce qui est saint de ce qui est profane, ce qui est impur de ce qui est pur et enseigner aux enfants d'Israël toutes les lois que l'Eternel leur a données par Moïse» (Lévitique 10:1-11).

POUR AVOIR BLASPHÉMÉ

«*Le fils d'une femme Israélite et d'un homme égyptien, étant venu au milieu des enfants d'Israël, se querella dans le camp avec un homme israélite. Le fils de la femme israélite blasphéma et maudit le nom de Dieu. On l'amena à Moïse. Sa mère s'appelait Schelomith, fille de Dibri, de la tribu de Dan. On le mit en prison, jusqu'à ce que Moïse eût déclaré ce que l'Eternel ordonnerait. L'Eternel parla à Moïse, et dit: Fais sortir du camp le blasphémateur; tous ceux qui l'ont entendu poseront leurs mains sur sa tête, et toute l'assemblée le lapidera. Tu parleras aux enfants d'Israël, et tu diras: Quiconque maudira son Dieu portera la peine de son péché. Celui qui blasphémera le nom de l'Eternel sera puni de mort: toute l'assemblée le lapidera. Qu'il soit étranger ou indigène, il mourra, pour avoir blasphémé le nom de Dieu*» (Lévitique 24:10-16).

POUR AVOIR TOUCHÉ L'ARCHE SANS LA QUALIFICATION REQUISE

«*Ils mirent sur un char neuf l'arche de Dieu, qu'ils emportèrent de la maison d'Abinadab : Uzza et Achjo conduisaient le char. David et tout Israël dansaient devant Dieu de toute leur force, en chantant, et en jouant des harpes, des luths, des tambourins, des cymbales et des trompettes. Lorsqu'ils furent arrivés à l'aire de Kidon, Uzza étendit la main pour saisir l'arche, parce que les bœufs la faisaient pencher. La colère de l'Eternel s'enflamma contre Uzza, et l'Eternel le frappa parce qu'il avait étendu la main sur l'arche. Uzza mourut là devant Dieu*» (1 Chroniques 13:7-10).

POUR AVOIR REGARDÉ VERS LA MAUVAISE DIRECTION

«*Après les avoir fait sortir, l'un d'eux dit : Sauve-toi pour ta vie; ne regarde pas derrière toi, et ne t'arrête pas dans toute la plaine ; sauve-toi vers la montagne, de peur que tu ne périsses*» (Genèse 19:17).

«*La femme de Lot regarda en arrière, et elle devint une statue de sel*» (Genèse 19:26).

POUR AVOIR MENTI

«*Mais un homme nommé Ananias, avec Saphira sa femme, vendit une propriété, et retint une partie du prix, sa femme le sachant ; puis il apporta le reste, et le déposa aux pieds des apôtres. Pierre lui dit : Ananias, pourquoi Satan a-t-il rempli ton cœur, au point que tu mentes au Saint-Esprit, et que tu aies retenu une partie du prix du champ ? S'il n'eût pas été vendu, ne te restait-il pas? Et, après qu'il a été vendu, le prix n'était-il pas à ta disposition? Comment as-tu pu mettre en ton cœur un pareil dessein ? Ce n'est pas à des hommes que tu as menti, mais à Dieu. Ananias, entendant ces paroles, tomba, et expira. Une grande crainte saisit tous les auditeurs. Les jeunes gens, s'étant levés, l'enveloppèrent, l'emportèrent et l'ensevelirent.*

Environ trois heures plus tard, sa femme entra, sans savoir ce qui était arrivé. Pierre lui adressa la parole: «*Dis-moi, est-ce à un tel prix que vous avez vendu le champ ? Oui, répondit-elle, c'est à ce prix-là. Alors Pierre lui dit : Comment vous êtes-vous accordés pour tenter l'Esprit du Seigneur ? Voici, ceux qui ont enseveli ton mari sont à la porte, et ils t'emporteront. Au même instant, elle tomba aux pieds de l'apôtre, et expira. Les jeunes gens, étant entrés, la trouvèrent morte ; ils l'emportèrent, et l'ensevelirent auprès de son mari. Une grande crainte s'empara de toute l'assemblée et de tous ceux qui apprirent ces choses»* (Actes 5:1-11).

POUR AVOIR MANGÉ LA NOURRITURE CONTRAIREMENT AU COMMANDEMENT DE DIEU

«Voici, un homme de Dieu arriva de Juda à Béthel, par la parole de l'Eternel, pendant que Jéroboam se tenait à l'autel pour brûler des parfums. Il cria contre l'autel par la parole de l'Eternel, et il dit: Autel! autel! Ainsi parle l'Eternel : Voici, il naîtra un fils à la maison de David ; son nom sera Josias ; il immolera sur toi les prêtres des hauts lieux qui brûlent sur toi des parfums, et l'on brûlera sur toi des ossements d'hommes! Et le même jour il donna un signe, en disant: C'est ici le signe que l'Eternel a parlé : Voici, l'autel se fendra, et la cendre qui est dessus sera répandue. Lorsque le roi entendit la parole que l'homme de Dieu avait criée contre l'autel de Béthel, il avança la main de dessus l'autel, en disant: Saisissez-le! Et la main que Jéroboam avait étendue contre lui devint sèche, et il ne put la ramener à soi. L'autel se fendit, et la cendre qui était dessus fut répandue, selon le signe qu'avait donné l'homme de Dieu par la parole de l'Eternel. Alors le roi prit la parole, et dit à l'homme de Dieu: Implore l'Eternel, ton Dieu, et prie pour moi, afin que je puisse retirer ma main. L'homme de Dieu implora l'Eternel, et le roi put retirer sa main, qui fut comme auparavant. Le roi dit à l'homme de Dieu : Entre avec moi dans la maison, tu prendras quelque nourriture, et je te donnerai un présent. L'homme de Dieu dit au roi: Quand tu me donnerais la moitié de ta maison, je n'entrerais pas avec toi. Je ne mangerai point de pain, et je ne boirai point d'eau dans ce lieu-ci ; car cet ordre m'a été donné, par la parole de l'Eternel : Tu ne mangeras point de pain et tu ne boiras point d'eau, et tu ne prendras pas à ton retour le chemin par lequel tu seras allé. Et il s'en alla par un autre chemin, il ne prit pas à son retour le chemin par lequel il était venu à Béthel.

Or il y avait un vieux prophète qui demeurait à Béthel. Ses fils vinrent lui raconter toutes les choses que l'homme de Dieu avait faites à Béthel ce jour-là, et les paroles qu'il avait dites au roi. Lorsqu'ils en eurent fait le récit à leur père, il leur dit : Par quel chemin s'en est-il allé? Ses fils avaient vu par quel chemin s'en était allé l'homme de Dieu qui était venu de Juda. Et il dit à ses fils. Sellez-moi l'âne. Il lui sellèrent l'âne, et il monta dessus. Il alla après l'homme de Dieu, et il le trouva assis sous un térébinthe. Il lui dit: Es-tu l'homme de Dieu qui est venu de Juda? Il répondit : Je le suis. Alors il lui dit: Viens avec moi à la maison, et tu prendras quelque nourriture. Mais il répondit : Je ne puis ni retourner avec toi, ni entrer chez toi. Je ne mangerai point de pain, je ne boirai point d'eau avec toi en ce lieu-ci ; car il m'a été dit, par la parole de l'Eternel : Tu n'y mangeras point de pain et tu n'y boiras point d'eau, et tu ne prendras pas à ton retour le chemin par lequel tu seras allé. Et il lui dit : Moi aussi, je suis prophète comme toi ; et un ange m'a parlé de la part de l'Eternel, et m'a dit : Ramène-le avec toi dans ta maison, et qu'il mange du pain et boive de l'eau. Il lui mentait. L'homme de Dieu retourna avec lui, et il mangea du pain et but de l'eau dans sa maison. Comme ils étaient assis à table, la parole de l'Eternel fut adressée au prophète qui l'avait ramené. Et il cria à l'homme de Dieu qui était venu de Juda : Ainsi parle l'Eternel : Parce que tu as été rebelle à l'ordre de l'Eternel, et que tu n'as pas observé le commandement que l'Eternel, ton Dieu, t'avait donné ; parce que tu es retourné, et que tu as mangé du pain et bu de l'eau dans le lieu dont il t'avait dit : Tu n'y mangeras point de pain et tu n'y boiras point d'eau, ton cadavre n'entrera pas dans le sépulcre de tes pères. Et quand le prophète qu'il avait ramené eut mangé du pain et qu'il eut bu de l'eau, il sella l'âne pour lui. L'homme de Dieu s'en alla ; et il fut rencontré dans le chemin par un lion qui le tua. Son cadavre était étendu dans le chemin; l'âne resta près de lui, et le lion se tint à côté du cadavre» (1 Rois 13:1-24).

LES PÉCHÉS QUI CONDUISENT À LA MORT VARIENT AVEC LES GENS

Comme on peut le voir à partir des dix exemples ci-dessus, ce qui est un péché conduisant à la mort pour une personne pourrait ne pas être un péché à la mort pour une autre personne. Certaines personnes avaient violé le sabbat et n'en moururent pas. Cet Israélite le viola et mourut. Les Israélites se rebellèrent contre Dieu et contre Moïse plusieurs fois, mais quand Koré le fit, lui et ses compagnons péchèrent à la mort et périrent pour cela. Plusieurs Israélites commirent la fornication, mais pour Zimri, ce fut un péché à la mort.

Tu ne peux pas dire quel péché sera à la mort pour toi. Cela peut être le mensonge, cela pourrait être une forme de désobéissance ou une autre. Tu ne peux pas savoir d'avance. Ce n'est qu'au moment de la mort ou après que tu l'as commis que tu sauras que tu as gaspillé ta dernière opportunité.

Tu ne peux même pas dire : «parce que j'ai commis ce péché la dernière fois et n'en suis pas mort, le péché n'est pas un péché qui conduit à la mort pour moi,» et ainsi, le commettre à nouveau. Ce péché pourrait ne pas avoir été à la mort pour toi la dernière fois, mais la prochaine fois, il pourrait être un péché à la mort. Tu ne peux pas être sûr que tu ne mourras pas pour avoir commis ce péché cette fois-ci. Les chances sont telles que ce qui n'a pas été un péché à la mort la dernière fois soit un péché à la mort la prochaine fois, parce que tu as abusé de la miséricorde de Dieu, de l'amour et de la grâce de Dieu.

CHAQUE PÉCHÉ EST TRÈS DANGEREUX. TU DOIS FAIRE ATTENTION

Il y a un autre aspect concernant toute cette affaire. Un péché qui n'est pas à la mort physique pourrait être un péché à la mort spirituelle. Il se pourrait que si tu vas de l'avant et commets le péché que tu as planifié de commettre, tu meures spirituellement, c'est-à-dire que ta relation avec Dieu se brise de façon permanente. Il se pourrait qu'après que tu as commis le péché auquel tu penses, ton cœur se dresse contre le Seigneur, que l'amour du monde et des choses qui sont dans le monde te remplissent et que tu rétrogrades pertinemment et sois perdu à jamais. C'est trop risqué. N'ose pas.

Tu pourrais même aller de l'avant et commettre le péché et être pardonné, mais quelque chose serait brisé entre toi et le Seigneur, qui ne sera jamais réparé ! Penses-y.

Le péché délibéré est la pire des choses qui puisse arriver à un croyant !

CE QUE SIGNIFIE PÉCHER DÉLIBÉRÉMENT

Pécher délibérément, c'est dire à Satan :

1) Satan, je t'aime ! Si j'avais le monde entier je te le donnerai. Mais je n'ai pas le monde entier. J'ai moi-même. Je te donne tout ce que j'ai. Je te donne moi-même.

2) Satan, je t'aime ! Si j'avais tout le temps et toute l'Eternité, je te le donnerai volontiers. Malheureusement, je n'ai pas tout le

temps ni toute l'éternité. Je n'ai que cinq minutes pour toi et je dois les investir pour toi dans :
- le mensonge,
- le vol,
- le commérage,
- la colère,
- l'amertume,
- les pensées adultères,
- et toutes les autres choses semblables.
afin que ton royaume vienne.

3) Satan, je t'aime ! Si j'avais le monde entier, je te le donnerai. Malheureusement je n'ai pas le monde entier. J'ai moi-même. Je me donne à toi et je commets le péché qui est devant moi maintenant, afin que:
mes enfants,
mes petits enfants,
mes arrières petits enfants,
mes arrières-arrières petits enfants,
suivent mon exemple et deviennent ainsi tes enfants pour toujours.

4) Satan, je t'aime ! Si tous les peuples du monde étaient sous mon contrôle, je te les amènerais volontiers et te supplierais de les prendre tous. Malheureusement tous les peuples du monde ne sont pas sous mon contrôle. J'ai moi-même sous mon contrôle. Je te donne moi-même et commets le péché qui est devant moi, et en le commettant, j'établis un exemple afin que l'ensemble de:
ma famille entière,
mon quartier,
ma ville,
ma nation,

mon continent, ma planète, suive mon exemple et devienne ainsi tien pour le présent et pour l'éternité.

5) Satan, je t'aime ! je commets tous les péchés que je veux commettre pour m'assurer que ta gloire est établie maintenant. Toutefois, à cause de ma consécration à toi, je commets le péché de mensonge qui est devant moi en guise d'exemple pour toute l'humanité, faisant de cela un appel retentissant à tout être humain à commettre le péché qui est devant lui. Satan, ce faisant, tous les péchés qui peuvent être commis devront être commis et ton emprise sur des multitudes sera établie.

6) Satan, je t'aime ! je commets ce péché délibérément et de cette façon, j'expose publiquement à la honte le Fils de Dieu, afin que les liens qui m'unissent à toi soient à jamais assurés et établis. Satan, je suis à toi pour toujours.

CE QUE LE PÉCHÉ FAIT À SATAN

1. Le péché exalte Satan.
2. Le péché glorifie Satan.
3. Le péché dit à Satan "tu avais la réponse au monde. J'aurais souhaité que tu aies remporté la bataille sur la croix."
4. Le péché dit "Satan je t'aime."
5. Le péché dit "Satan je t'adore."
6. Le péché dit "Satan tu es mon bien-aimé."
7. Le péché dit à Satan "Tu n'as pas été vaincu. Tu n'as pas été renversé. Ton royaume est intact. Tu as vaincu sur la croix. La victoire a été tienne. Tu fais erreur. Tu es roi. Je suis ton sujet. Je

proclame ta victoire."

8. Le péché dit à Satan, "Ton royaume n'aura point de fin, et je le garantis par mon incessante contribution."
9. Le péché dit au diable, "Je me joindrai à toi pour haïr Dieu."
10. Le péché dit à Satan "Fortifie-toi, lève-toi et fais tout ce qui peut déjà être fait pour établir ta gloire. Tu as beaucoup d'adorateurs. Ce péché est commis par l'un de tes adorateurs.
11. Le péché encourage l'ennemi déchu à penser qu'il peut encore garder espoir.
12. Le péché dit à Satan, "Tu n'es pas déchu pour l'instant. Le calvaire n'était pas vrai. Tu n'as pas perdu. Lève-toi et règne."
13. Le péché dit au diable, "Ton futur est radieux, sois pleinement fortifié."
14. Le péché dit à Satan, "Tu es le véritable roi du monde. Dieu est le voleur. Il vole ta gloire. Lève-toi et écarte-le d'un coup de pied."

Deuxième partie

LE CHEMIN DE RETOUR À DIEU

7- PREMIÈRE ÉTAPE : LA CONNAISSANCE DU PÉCHÉ

LA CONNAISSANCE NATURELLE DU PÉCHÉ

La connaissance naturelle du péché est la connaissance de ce qu'est le péché et de ce que fait le péché, telle que peut l'appréhender l'être humain naturel ou telle qu'elle est disponible au croyant dont les yeux n'ont pas été ouverts par le Seigneur.

Cette connaissance naturelle du péché voit souvent le péché comme la violation des lois humaines qui apporte des conséquences de l'homme à l'homme. Le péché est vu pour ce qu'il a fait pour blesser l'être de l'homme, les plans de l'homme et le futur de l'homme. La dimension divine n'y est pas mentionnée, parce qu'elle n'est pas connue ou parce qu'il n'y a aucun désir de la connaître. Un croyant qui n'est pas enseigné pourrait voir le péché et le connaître uniquement au niveau naturel. Un croyant qui endurcit son cœur à la conviction du Saint-Esprit, dans un domaine de sa vie, pourrait aussi perdre une perception spirituelle de ce qu'est le péché, et ne retenir qu'une perception naturelle du péché.

La connaissance naturelle du péché est la connaissance acquise par l'homme à qui son péché est montré par l'homme. C'est le fruit de la «révélation humaine». C'est le fait de voir la conséquence du péché sur l'homme, sur ses plans et tout son bien-être comme étant tout ce qui est à voir, ou tout ce dont il faut se soucier.

La connaissance naturelle du péché est une connaissance partielle. C'est la connaissance qui a son origine dans l'âme de l'homme. C'est la connaissance à travers le raisonnement humain et les déductions humaines.

La connaissance naturelle du péché conduit à être préoccupé par les conséquences du péché sur l'homme. Si le péché peut être commis et les conséquences retenues, alors la connaissance naturelle du péché ne verra pas pourquoi le péché ne devrait pas être commis.

LA CONNAISSANCE DIVINE DU PÉCHÉ

La connaissance divine du péché est le fruit de la révélation divine. Ce n'est pas quelque chose qu'un croyant ou un non-croyant peut posséder de lui-même, sans l'aide de Dieu. Personne ne peut la fabriquer. Personne ne peut l'induire. Elle doit être reçue de Dieu. Ceux qui reçoivent une connaissance divine du péché ont une connaissance divine du péché. Ceux qui n'ont pas reçu une connaissance divine du péché ne l'ont pas. Pour qu'ils l'aient, il faut qu'ils se tournent vers Dieu pour l'avoir. Bien que Dieu puisse utiliser l'homme, les paroles de l'homme, ou quelque instrument de ce genre pour produire la repentance selon Dieu en une personne, les mêmes instruments, sans l'aide de Dieu, peuvent essayer pendant un milliard d'années, sans jamais produire un iota de la connaissance divine du péché.

La connaissance divine est le fruit d'une révélation de ce que le péché fait à Dieu en premier lieu, et deuxièmement, de ce que le péché fait aux intérêts de Dieu. Ce que le péché fait au pécheur, aux intérêts du pécheur, aux autres êtres humains et aux intérêts des autres êtres humains ne vient qu'en troisième, quatrième, cinquième et sixième positions.

La connaissance divine du péché est une possession de ceux qui sont pieux. C'est une possession de ceux qui ont rejeté l'amour du monde ; qui se sont débarrassés de l'amour des choses du monde ; qui ont rejeté l'amour du «moi» et qui se sont enrichis de l'amour de Dieu. Pour de telles personnes, Dieu est tout pour elles. Par conséquent, elles voient toutes choses du point de vue de Dieu. Parce qu'elles voient les choses du point de vue de Dieu, elles les voient telles que Dieu les voit, et réagissent à cela tel que Dieu aurait réagi.

De telles personnes ne se soucient pas de savoir si telle ou telle personne les a vu pécher ; de telles personnes ne se soucient pas de la conséquence du péché sur elles-mêmes, ou sur tout autre être humain. Elles sont concernées, soucieuses de ce que le péché fait au Dieu qu'elles aiment. Tout cela parce qu'elles possèdent une connaissance divine du péché.

Ceux qui ont une connaissance divine du péché ne font pas de distinction entre les petits péchés et les grands péchés. Ils ne catégorisent pas le péché. Ils ne disent pas qu'un péché en motif, ou en pensée, ou en parole n'est pas aussi mauvais qu'un péché en acte. Ils savent qu'un péché en motif est un couteau transperçant le cœur de Dieu. Ils savent aussi que les péchés en pensée, en parole et en acte sont des couteaux enfoncés dans le cœur de Dieu. De telles personnes ne peuvent pas dire que tel couteau est plus petit, et par conséquent, peut être utilisé pour transpercer le cœur de Dieu. Elles voient chaque péché comme étant un couteau transperçant le cœur aimable de Dieu, et pour cela, elles haïssent tout péché.

Ceux qui ont une connaissance divine du péché ne peuvent pas traiter légèrement le péché des autres personnes. Ils ne peuvent pas se réjouir du péché parce qu'il a été commis par une autre personne et non par eux-mêmes. Ils ne peuvent pas se réjouir du péché parce qu'il a été commis par leur ennemi, ou par quelqu'un d'une équipe rivale ou d'un groupe rival. Ils voient tout péché comme horrible, parce qu'ils voient tout péché comme étant un couteau enfoncé dans le cœur de Dieu.

Si tu aimes quelqu'un et que la personne a un couteau enfoncé dans son cœur, cela aurait-il une importance si le couteau a été enfoncé par toi-même, par ton ami, par un passant ou par ton ennemi ? Peu importera qui est le meurtrier. Tout ce qui aura une importance, sera le mal fait à celui que tu aimes.

Une manière de distinguer ceux qui ont reçu et qui possèdent une connaissance divine du péché de ceux qui ont une simple connaissance humaine du péché est que, ceux qui ont une simple connaissance humaine du péché parleront avec légèreté du péché, spécialement du péché des autres. D'autre part, ceux qui possèdent une connaissance divine du péché ont un cœur brisé à cause de tout péché, quelle que soit la personne qui l'a commis.

LA CONNAISSANCE DIVINE DU PÉCHÉ MAINTENUE

La connaissance divine du péché est un don de Dieu. Comme tous les autres dons de Dieu, elle n'est pas automatiquement maintenue. Un homme pourrait posséder une connaissance divine du péché aujourd'hui et la perdre dans le futur. Qu'est-ce qui conduit à cette perte ?

Les dons de Dieu sont faits pour être utilisés. Celui qui reçoit la connaissance divine du péché et qui par conséquent, voit le péché comme Dieu le voit, devrait haïr le péché de tout son cœur; fuir le péché comme un homme fuirait un lion en colère, et traiter radicalement tout péché dans sa vie, et aussi aider les autres à traiter radicalement tout péché dans leur vie. S'il fait cela, il maintiendra une connaissance divine du péché. S'il est négligent, il perdra ce qu'il possède.

La connaissance divine du péché peut grandir juste comme elle peut aussi décroître. La haine et le traitement radical de tout péché connu, conduiront à plus de lumière et à un plus grand contenu personnel de la connaissance divine du péché. Prendre le péché à la légère, et ne pas traiter le péché tel que Dieu aimerait qu'il soit traité, conduira à une diminution progressive de la connaissance divine du péché. Nous pouvons représenter graphiquement ce que nous sommes en train de dire comme suit :

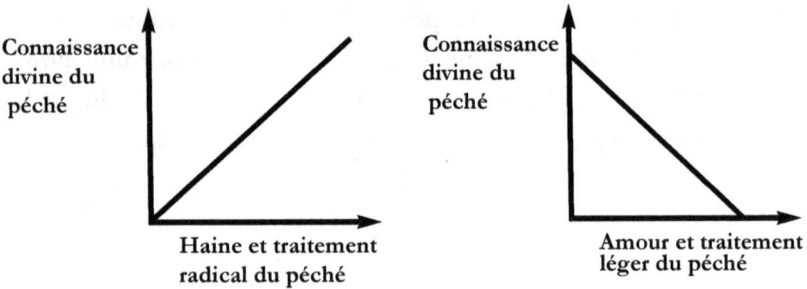

Plus une personne hait le péché et le traite radicalement, plus elle possédera une connaissance divine du péché.

Plus la personne aime le péché et le traite à la légère, moins elle possédera la connaissance divine du péché.

UNE CHOSE À LAQUELLE TU DEVRAIS PENSER

As-tu confronté le fait que ton attitude présente envers le péché est un reflet de ce que tu as fait avec le péché dans le passé? Ton attitude vis-à-vis du péché dans chaque circonstance et chaque situation dans le passé a été conservée. Elle a été conservée comme faisant partie de ta personne et l'impact cumulatif de ces attitudes a produit la personne que tu es aujourd'hui.

Ce n'est pas tout. La manière dont tu réagis à ce message te donnera un nouveau départ dans l'une des deux directions. En fait, d'ici jusqu'à ce que tu termines la lecture de ce livre et que tu prennes les décisions qui s'imposent, tu auras augmenté ou diminué ton contenu de la connaissance divine du péché, de façon très significative. Rassure-toi de réagir comme tu devrais le faire.

Que Dieu te bénisse.

8 - DEUXIÈME ÉTAPE: LA TRISTESSE À CAUSE DU PÉCHÉ

«*Quoique je vous aie attristés par ma lettre, je ne m'en repens pas. Et, si je m'en suis repenti - car je vois que cette lettre vous a attristés, bien que momentanément, - je me réjouis à cette heure, non pas de ce que vous avez été attristés, mais de ce que votre tristesse vous a portés à la repentance ; car vous avez été attristés selon Dieu, afin de ne recevoir de notre part aucun dommage. En effet, la tristesse selon Dieu produit une repentance à salut dont on ne se repent jamais, tandis que la tristesse du monde produit la mort. Et voici, cette même tristesse selon Dieu, quel empressement n'a-t-elle pas produit en vous ! Quelle justification, quelle indignation, quelle crainte, quel désir ardent, quel zèle, quelle punition ! Vous avez montré à tous égards que vous étiez purs dans cette affaire*» (2 Corinthiens 7:8-11).

LA TRISTESSE SELON DIEU PAR OPPOSITION À LA TRISTESSE SELON LE MONDE

Il ne peut y avoir de profonde repentance sans tristesse à cause du péché. Concernant la tristesse à cause du péché, il est important de faire la distinction entre la tristesse selon Dieu et la tristesse selon le monde. La Bible dit : «*En effet, la tristesse selon Dieu produit une repentance à salut dont on ne se repent jamais, tandis que la tristesse du monde produit la mort*» (2 Corinthiens 7:10). Il serait bon de comparer et de contraster la tristesse selon Dieu avec la tristesse selon le monde, afin que chacun sache clairement s'il a jamais connu de tristesse à cause de son péché ou à cause du péché.

LA TRISTESSE SELON DIEU

1. C'est comme la tristesse de Dieu. Dieu s'attriste effectivement. La Bible dit : «*L'Eternel vit que la méchanceté des hommes était grande sur la terre, et que toutes les pensées de leur cœur se portaient chaque jour uniquement vers le mal. L'Eternel se repentit d'avoir fait l'homme sur la terre, et il fut affligé en son cœur*» (Genèse 6:5-6). Dieu vit le péché, Il en fut attristé et cela affligea Son cœur.

2. C'est une tristesse profonde et intense. L'apôtre Paul connaissait cette tristesse. Il écrivit : «*Je dis la vérité en Christ, je ne mens point, ma conscience m'en rend témoignage par le Saint-Esprit: j'éprouve une grande tristesse, et j'ai dans le cœur un chagrin continuel. Car je voudrais moi-même être anathème et séparé de Christ pour mes frères, mes parents selon la chair*» (Romains 9:1-3). Il éprouvait une grande tristesse et un chagrin continuel dans son cœur.

3. Elle est impartie par Dieu.

4. Elle vise à être vue par Dieu.

LA TRISTESSE DU MONDE

1. C'est comme la tristesse des gens du monde.

2. Elle est superficielle.

3. Elle est impartie par l'homme.

4. Elle vise à être vue par l'homme.

5. Elle conduit à la haine du péché.

5. Elle conduit à la haine du «moi» et pourrait devenir si forte qu'elle conduise au suicide. Judas connut la tristesse selon le monde pour avoir trahi le Seigneur et cette tristesse le conduisit à se suicider. La Bible dit : «*Alors Judas, qui l'avait livré, voyant qu'il était condamné, fut pris de remords, et rapporta les trente pièces d'argent aux principaux sacrificateurs et aux anciens, en disant: j'ai péché, en livrant le sang innocent. Ils répondirent: que nous importe ? Cela te regarde. Judas jeta les pièces d'argent dans le temple, se retira, et alla se pendre*» (Matthieu 27:3-5).

Judas se repentit parce qu'il vit qu'il était condamné. Il voulait être libre. Il n'était pas concerné par la conséquence de son péché sur Dieu. Judas confessa son péché à l'homme sans le confesser à Dieu. Normalement, la confession à Dieu devrait précéder la confession à l'homme. Sa confession à lui n'était pas la repentance mais le remords.

6. Elle conduit à la confession selon Dieu.

7. Elle est impartie par le Saint-Esprit dans l'esprit humain et par conséquent, coule de l'intérieur vers l'extérieur.

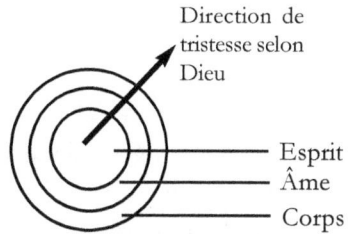

8. C'est la tristesse à partir du cœur ; de l'esprit humain.

9. Elle est toujours vraie. Elle répond à l'œuvre du Saint-Esprit dans la circonstance.

10. Elle conduit souvent à de profondes larmes. Pierre pleura amèrement quand il trahit le Seigneur. Des yeux secs sont souvent l'évidence d'un cœur sec.

11. Elle demeure jusqu'à ce que quelque chose soit fait sur le péché qui a conduit à cela.

6. Elle conduit à la confession selon le monde comme celle de Judas.

7. Elle commence de l'extérieur et pourrait pénétrer vers l'intérieur, mais elle ne pénètre jamais au-delà de l'âme.

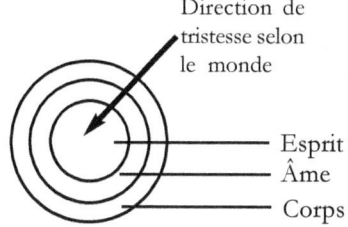

8. C'est la tristesse à partir du corps et de l'âme de l'homme.

9. Elle est souvent fausse. On agit souvent selon l'attente des gens dans la circonstance.

10. Elle vient souvent avec un sourire ou un rire. Quand il y a des larmes, elles ont tendance à être éphémères.

11. Elle peut s'évaporer sans que quelque chose ait été fait sur le péché qui a conduit à cela.

12. Elle conduit souvent les gens sur leurs genoux devant Dieu. La Bible dit : «*Pendant qu'Esdras, pleurant et prosterné devant la maison de Dieu, faisait cette prière et cette confession, il s'était rassemblé auprès de lui une foule très nombreuse de gens d'Israël, hommes, femmes et enfants, et le peuple répandait d'abondantes larmes*» (Esdras 10:1).

12. Elle conduit rarement les gens sur leurs genoux.

13. C'est le fruit de l'homme coopérant avec Dieu, jusqu'à ce qu'elle soit produite, quel que soit le temps qu'elle pourrait prendre.

13. Elle est provoquée par l'homme et peut être feinte, par exemple, des larmes peuvent être forcées ou provoquées, même sans aucun sentiment à l'intérieur.

14. Elle est dissipée par la présence de Dieu.

14. Elle est dissipée par la présence de l'homme, par la nourriture ou toute autre chose.

15. Elle recherche des résultats profonds et durables, et sait que ceux-ci pourront prendre du temps pour se produire. David dit: «*Car je reconnais mes transgressions, et mon péché est constamment devant moi*» (Psaumes 51:4).

15. Elle recherche des réponses rapides et superficielles.

16. Elle conduit à la repentance.

16. Elle conduit au remords.

17. Elle conduit à la vie.

17. Elle conduit à la mort.

18. Elle produit la repentance et la vie.

19. C'est le fruit d'un cœur brisé et contrit, contrit et brisé à cause du péché.

20. Elle pousse celui qui a péché à espérer en l'Eternel.

21. Elle conduit à suivre le Seigneur.

18. Elle produit le remords et la mort.

19. Elle est présente chez des gens qui ne connaissent ni le brisement du cœur, ni la contrition.

20. Elle pousse la personne qui a péché à désespérer, et comme Judas, à rechercher la mort.

21. Elle conduit à la mort physique ou à la mort spirituelle.

DES PSAUMES DE TRISTESSE SELON DIEU

(1)

«*Eternel ! ne me punis pas dans ta colère,*
Et ne me châtie pas dans ta fureur.
Car tes flèches m'ont atteint,
Et ta main s'est appesantie sur moi.
Il n'y a rien de sain dans ma chair à cause de ta colère, il n'y a plus de vigueur dans mes os à cause de mon péché. Car mes iniquités s'élèvent au-dessus de ma tête ; Comme un lourd fardeau, elles sont trop pesantes pour moi.

Mes plaies sont infectes et purulentes, par l'effet de ma folie.
Je suis courbé, abattu au dernier point ;
Tout le jour je marche dans la tristesse.
Car un mal brûlant dévore mes entrailles,
Et il n'y a rien de sain dans ma chair.
Je suis sans force, entièrement brisé ;
Le trouble de mon cœur m'arrache des gémissements. Seigneur ! tous mes désirs sont devant toi,
Et mes soupirs ne te sont point cachés.
Mon cœur est agité, ma force m'abandonne,
Et la lumière de mes yeux n'est plus même avec moi. Mes amis et mes connaissances s'éloignent de ma plaie, Et mes proches se tiennent à l'écart.
Ceux qui en veulent à ma vie tendent leurs pièges;
Ceux qui cherchent mon malheur disent des méchancetés, Et méditent tous les jours des tromperies.
Et moi, je suis comme un sourd, je n'entends pas ;
Je suis comme un muet, qui n'ouvre pas la bouche.
Je suis comme un homme qui n'entend pas,
Et dans la bouche duquel il n'y a point de réplique. Eternel ! c'est en toi que j'espère ; Tu répondras, Seigneur, mon Dieu!
Car je dis : Ne permets pas qu'ils se réjouissent à mon sujet,
Qu'ils s'élèvent contre moi, si mon pied chancelle !

Car je suis près de tomber, et ma douleur est toujours devant moi.
Car je reconnais mon iniquité, Je suis dans la crainte à cause de mon péché. Et mes ennemis sont pleins de vie, pleins de force ; Ceux qui me haïssent sans cause sont nombreux. Ils me rendent le mal pour le bien ; Ils sont mes adversaires, parce que je recherche le bien. Ne m'abandonne pas, Eternel!
Mon Dieu, ne t'éloigne pas de moi !
Viens en hâte à mon secours, Seigneur, mon salut!»
(Psaumes 38:1-23).

(2)

«*Je disais : je veillerai sur mes voies,*
De peur de pécher par ma langue ;
Je mettrai un frein à ma bouche,
Tant que le méchant sera devant moi.
Je suis resté muet, dans le silence ;
Je me suis tu, quoique malheureux ;
Et ma douleur n'était pas moins vive.
Mon cœur brûlait au-dedans de moi,
Un feu intérieur me consumait.
Et la parole est venue sur ma langue.
Eternel ! dis-moi quel est le terme de ma vie,
Quelle est la mesure de mes jours ;
Que je sache combien je suis fragile.
Voici, tu as donné à mes jours la largeur de la main,
Et ma vie est comme un rien devant toi.
Oui, tout homme debout n'est qu'un souffle.
Oui, l'homme se promène comme une ombre,
Il s'agite vainement ;
Il amasse, et il ne sait qui recueillera
Maintenant, Seigneur, que puis-je espérer ?
En toi est mon espérance.
Délivre-moi de toutes mes transgressions !
Ne me rends pas l'opprobre de l'insensé !

Je reste muet, je n'ouvre pas la bouche,
Car c'est toi qui agis. Détourne de moi tes coups !
Je succombe sous les attaques de ta main.
Tu châties l'homme en le punissant de son iniquité,
Tu détruis comme la teigne ce qu'il a de plus cher.
Oui, tout homme est un souffle.
Ecoute ma prière, Eternel, et prête l'oreille à mes cris !
Ne sois pas insensible à mes larmes !
Car je suis un étranger chez toi,

Un habitant, comme tous mes pères.
Détourne de moi le regard, et laisse-moi respirer,
Avant que je m'en aille et que je ne sois plus»
(Psaumes 39:1-14).

(3)

«*O Dieu ! aie pitié de moi dans ta bonté ;*
Selon ta grande miséricorde, efface mes transgressions ;   Lave-moi
complètement de mon iniquité, et purifie-moi de mon péché
Car je reconnais mes transgressions,
Et mon péché est constamment devant moi.
J'ai péché contre toi seul, et j'ai fait ce qui est mal à tes yeux, En sorte
que tu seras juste dans ta sentence, Sans reproche dans ton jugement.
Voici, je suis né dans l'iniquité,
Et ma mère m'a conçu dans le péché.
Mais tu veux que la vérité soit au fond du cœur : Fais donc pénétrer
la sagesse au-dedans de moi !
Purifie-moi avec l'hysope, et je serai pur;
Lave-moi, et je serai plus blanc que la neige. Annonce-moi l'allégresse
et la joie, et les os que tu as brisés se réjouiront. Détourne ton regard
de mes péchés, Efface toutes mes iniquités.
O Dieu ! crée en moi un cœur pur,
Renouvelle en moi un esprit bien disposé.
Ne me rejette pas loin de ta face,

Ne me retire pas ton Esprit Saint.
Rends-moi la joie de ton salut,

Et qu'un esprit de bonne volonté me soutienne ! J'enseignerai tes voies à ceux qui les transgressent, et les pécheurs reviendront à toi. O Dieu, Dieu de mon salut ! Délivre-moi du sang versé, Et ma langue célébrera ta miséricorde. Seigneur ! ouvre mes lèvres, Et ma bouche publiera ta louange. Si tu eusses voulu des sacrifices, je t'en aurais offert; Mais tu ne prends point plaisir aux holocaustes. Les sacrifices qui sont agréables à Dieu, c'est un esprit brisé : O Dieu ! tu ne dédaignes pas un cœur brisé et contrit. Répands par ta grâce tes bienfaits sur Sion, Bâtis les murs de Jérusalem ! Alors tu agréeras des sacrifices de justice, Des holocaustes et des victimes tout entières ; Alors on offrira des taureaux sur ton autel»
(Psaumes 51:1-21).

DES EXEMPLES BIBLIQUES DE TRISTESSE SELON DIEU

1 - Esdras

«*Après que cela fut terminé, les chefs s'approchèrent de moi, en disant : le peuple d'Israël, les sacrificateurs et les Lévites ne se sont point séparés des peuples de ce pays, et ils imitent leurs abominations, celles des Cananéens, des Héthiens, des Phéréziens, des Jébusiens, des Ammonites, des Moabites, des Egyptiens et des Amoréens. Car ils ont pris de leurs filles pour eux et pour leurs fils, et ont mêlé la race sainte avec les peuples de ces pays : et les chefs et les magistrats ont été les premiers à commettre ce péché. Lorsque j'entendis cela, je déchirai mes vêtements et mon manteau, je m'arrachai les cheveux de la tête et les poils de la barbe, et je m'assis désolé. Auprès de moi s'assemblèrent tous ceux que faisaient trembler les* paroles du Dieu d'Israël, à cause du péché des fils de la captivité ; et moi je restai assis et désolé, jusqu'à l'offrande du soir. Puis, au moment de l'offrande du soir, je me levai du sein de mon humiliation, avec mes vêtements et mon manteau déchirés, je tombai à genoux, j'étendis les mains vers l'Eternel, mon Dieu, et je dis...» (Esdras 9:1-5).

«Pendant qu'Esdras, pleurant et prosterné devant la maison de Dieu, faisait cette prière et cette confession, il s'était rassemblé auprès de lui une foule très nombreuse de gens d'Israël, hommes, femmes et enfants, et le peuple répandait d'abondantes larmes» (Esdras 10:1).

«Puis Esdras se retira de devant la maison de Dieu, et il alla dans la chambre de Jochanan, fils d'Eliaschib ; quand il y fut entré, il ne mangea point de pain et il ne but point d'eau, parce qu'il était dans la désolation à cause du péché des fils de la captivité» (Esdras 10:6).

2 - Pierre

«Comme Jésus se trouvait auprès du lac de Génésareth, et que la foule se pressait autour de lui pour entendre la parole de Dieu, il vit au bord du lac deux barques, d'où les pêcheurs étaient descendus pour laver leurs filets. Il monta dans l'une de ces barques, qui était à Simon, et il le pria de s'éloigner un peu de terre. Puis il s'assit, et de la barque il enseignait la foule. Lorsqu'il eut cessé de parler, il dit à Simon: avance en plein eau, et jetez vos filets pour pêcher. Simon lui répondit: Maître, nous avons travaillé toute la nuit sans rien prendre ; mais, sur ta parole, je jetterai le filet. L'ayant jeté, ils prirent une grande quantité de poissons, et leur filet se rompait. Ils firent signe à leurs compagnons qui étaient dans l'autre barque de venir les aider. Ils vinrent, et ils remplirent les deux barques, au point qu'elles enfonçaient. Quand il vit cela, Simon Pierre tomba aux genoux de Jésus, et dit : Seigneur, retire-toi de moi, parce que je suis un homme pécheur. Car l'épouvante l'avait saisi, lui et tous ceux qui étaient avec lui, à cause de la pêche qu'ils avaient faite. Il en était de même de Jacques et de Jean, fils de Zébédée, les associés de Simon. Alors Jésus dit à Simon: ne crains point ; désormais tu seras pêcheur d'hommes. Et, ayant ramené les barques à terre, ils laissèrent tout et le suivirent» (Luc 5:1-11).

3 - Pierre

«*Alors il se mit à faire des imprécations et à jurer : je ne connais pas cet homme. Aussitôt le coq chanta. Et Pierre se souvint de la parole que Jésus avait dite: avant que le coq chante, tu me renieras trois fois. Et étant sorti, il pleura amèrement*» (Matthieu 26:74-75).

COOPÉRER AVEC DIEU POUR LA PRODUCTION DE LA TRISTESSE SELON DIEU

La tristesse selon Dieu est l'angoisse qui est produite par le Saint-Esprit, dans un cœur qui a reçu la connaissance du péché telle que révélée par Dieu.

Il peut arriver que le cœur d'un homme devienne endurci, à cause de plusieurs actes de repentance superficielle qui ne l'ont conduit nulle part. Il se pourrait que, parce que le même péché a été commis plusieurs fois, une influence d'alourdissement et de mort se soit abattue sur l'esprit humain, tant et si bien qu'il est insensible au Saint-Esprit lorsqu'Il convainc de péché. Le résultat de tout ceci est que la personne pourrait pécher, connaître dans sa tête qu'elle devrait s'affliger sur son péché, mais se rendre compte qu'elle est incapable de s'attrister sur son péché. Ceci signifie en réalité qu'elle ne peut pas se repentir de son péché à la manière de Dieu. Elle pourrait rechuter et commettre le même péché plusieurs fois, ou bien elle pourrait ne pas le commettre de nouveau parce qu'elle n'y trouve plus du plaisir. Cependant, elle n'a pas vu le péché comme Dieu le voit, et ne s'en est pas repentie comme Dieu voudrait que la repentance soit faite.

Si tu es celui qui a perdu la capacité de t'affliger sur le péché en général, ou pour un péché particulier, tu es dans une position dangereuse; mais, ta situation n'est pas désespérée. Dieu a encore une issue pour toi, si tu coopères avec Lui.

Cela pourrait nécessiter :
- la prière,
- le jeûne,
- des cris du cœur,
- des déchirements du cœur,
- la lecture des livres qui exposent les conséquences du péché,
- des retraites pour aller chercher d'être touché par Dieu,
- une exposition du péché à Dieu dans les détails,
- une exposition du péché à l'homme dans les détails,
- etc,

pour que la tristesse selon Dieu soit produite dans ton cœur.

Cela pourrait prendre une heure,
          un jour,
          une semaine,
          un mois,
          une année,
          etc.,
pour que la tristesse selon Dieu naisse dans ton cœur.

Cependant, pour celui qui est sincère, il ne donnera à Dieu aucun repos et ne se donnera point de repos, jusqu'à ce que cela soit produit en lui par le Saint-Esprit.

La première chose que nous recommandons est que tu mettes par écrit ton péché dans les détails, et que tu écrives les conséquences qui surviendront sur toi à cause de ce péché. Ecris en entier toutes choses . Utilise une concordance Biblique pour t'aider à rassembler les passages bibliques adéquats. Retire-toi en privé avec Dieu, et lis-Lui ce que tu as écrit. Dis-Lui que tu es en grande difficulté, bien que tu ne le ressentes pas. Demande-Lui d'avoir pitié de toi et de te donner Sa capacité de S'attrister sur le péché. Demande-le Lui en plusieurs mots, autant que possible. Insiste qu'Il ait pitié de toi et qu'Il te touche. Dieu pourrait faire quelque chose pour toi, et tu serais différent. Il pourrait commencer à faire quelque chose en toi, mais cela pourrait être encore très faible. Si rien n'a encore commencé, ou si quelque chose a commencé à se passer dans ton cœur, mais de manière faible et non développée, il serait mieux de continuer en te retirant pendant douze heures, vingt-quatre heures, trente-six heures ou quarante-huit heures devant le Seigneur. Retire-toi dans un endroit calme, enferme-toi et crie à Dieu. Il serait bon de Lui demander : «Seigneur, que veux-Tu que je fasse pour que Tu restaures mon cœur en un cœur qui peut s'attrister sur le péché, à Ta manière? Seigneur, ce manque de tristesse selon Dieu trahit le fait que je n'ai pas vu le péché tel que Tu le vois. Que dois-je faire pour que Tu me révèles le péché tel que Tu le vois ?» Si tu es sincère en demandant, le Seigneur te montrera.

Si rien ne se passe après ces deux tentatives, alors nous suggérons que tu entreprennes un jeûne. [Le jeûne est une privation partielle ou complète de nourriture et de boissons telles que le lait ou des jus, pour quelque temps. Un jeûne complet de 72 heures signifie que, pendant cette période, la personne ne mange rien et ne boit rien d'autre que de l'eau. Un jeûne partiel de trois jours signifie que, celui qui jeûne mange un repas léger toutes les vingt-quatre heures.]

Le Psalmiste dit ceci au sujet de l'humiliation personnelle et du jeûne:
1. «*Je verse des larmes et je jeûne*» (Psaumes 69:11).
2. «*J'humiliais mon âme par le jeûne*» (Psaumes 35:13).

Le jeûne est une manière de dire à Dieu «Je suis très indigne de recevoir de Toi ce don. Cependant, je m'humilie devant Toi et Te supplie de me donner ce dont j'ai besoin : Ta connaissance révélée du péché, et la tristesse selon Dieu que Toi seul peux produire en moi.»

Il serait bon de décider que le jeûne continuera, jusqu'à ce que Dieu t'envoie une réponse. Si tu es très désespéré, Il ne te laissera pas t'en aller sans qu'Il t'ait exaucé.

LA TRISTESSE SELON DIEU POURRAIT TE POSSÉDER LENTEMENT

Nous vivons dans une ère d'automatisme. Nous avons le thé instantané, le café instantané, et des ordinateurs pour nous donner plusieurs réponses instantanées. Cependant, dans l'art spirituel d'être en relation avec Dieu, la façon instantanée n'est pas le seul moyen. Nous allons illustrer cela par un exemple des Ecritures.

La Bible dit : «*Et Elie dit à Achab : monte, mange et bois ; car il se fait un bruit qui annonce la pluie. Achab monta pour manger et pour boire. Mais Elie monta au sommet du Carmel; et, se penchant contre terre, il mit son visage entre ses genoux, et dit à son serviteur: Monte, regarde du côté de la mer. Le serviteur monta, il regarda, et dit : il n'y a rien. Elie dit sept fois : Retourne. À la septième fois, il dit : Voici un petit nuage qui s'élève de la mer, et qui est comme la paume de la main d'un homme. Elie dit: Monte, et dis à Achab : attelle et descends, afin que la pluie ne t'arrête pas. En peu d'instants, le ciel s'obscurcit par les nuages, le vent s'établit, et il y eut une forte pluie. Achab monta sur son char, et partit pour Jizreel*» (1 Rois 18:41-45).

Quand Elie se mit à «enfanter» la pluie à travers la prière, et que le serviteur commença à regarder, les choses se passèrent comme suit :

1. 1ère fois qu'il regarda : Rien en vu.
2. 2ème fois qu'il regarda : Rien en vu.
3. 3ème fois qu'il regarda : Rien en vu.
4. 4ème fois qu'il regarda : Rien en vu.
5. 5ème fois qu'il regarda : Rien en vu.
6. 6ème fois qu'il regarda : Rien en vu.
7. 7ème fois qu'il regarda : Rien en vu.
8. 8ème fois qu'il regarda : Un petit nuage comme une paume de main fut aperçu.
9. Ensuite, le ciel s'obscurcit par les nuages et le vent.
10. Ensuite il y eut une forte pluie.

Dans l'exemple ci-dessus, Dieu avait promis la pluie et Elie avait entendu avec des oreilles spirituelles, un bruit de pluie. Cependant, il entra dans une profonde prière pour «enfanter» cette pluie. S'il s'était juste relaxé parce qu'il avait entendu le bruit d'une forte pluie, il n'y aurait pas eu de pluie. S'il s'était arrêté après que le serviteur eut regardé la première fois, la troisième fois, ou la septième fois, il n'y aurait pas eu de pluie. S'il s'était arrêté avec l'apparition d'un petit nuage ou lorsque le ciel s'obscurcit par les nuages et que le vent s'établit, il n'y aurait pas eu de pluie. Il pressa de l'avant jusqu'à ce qu'il y eut une forte pluie!

Ceux qui cherchent à connaître la tristesse selon Dieu pour leur péché doivent venir au Seigneur avec le même esprit. Ils doivent être prêts à s'attendre à Dieu jusqu'à ce que l'œuvre soit faite.

Il y aura la touche initiale, et pendant qu'on continue à s'attendre à Dieu et à crier à Lui, la révélation du péché grandira et la tristesse pour le péché grandira aussi, jusqu'à ce que la personne soit toute affligée dans son cœur. Oui, elles grandiront jusqu'à ce que la personne ait une grande tristesse et une affliction continuelle dans son cœur. Elles grandiront et s'approfondiront, étant soutenues par la prière, le jeûne et la fuite de tout péché possible, jusqu'à ce qu'elles possèdent tellement la personne que, seul Dieu sera capable de la libérer de l'emprise de la tristesse.

Il est d'importance critique qu'aucun péché ne se commette lorsque l'œuvre initiale d'impartition de la tristesse selon Dieu a commencé. Si un quelconque péché est commis consciemment, tout le processus s'arrêtera, et il pourrait être impossible de le ramener.

S'il te plaît, ne sois pas endurci par la séduction du péché.

Ne reporte pas à plus tard les efforts à faire pour retourner à une relation normale avec Dieu. Dans une relation normale, dès que le péché est commis, une connaissance révélationnelle du péché est donnée, ce qui conduit immédiatement à la tristesse selon Dieu, et ainsi de suite, jusqu'à ce que le processus de repentance soit achevé.

Ne veux-tu pas arrêter de lire, jusqu'à ce que tu sois entré dans la tristesse selon Dieu pour un péché quelconque se trouvant dans ta vie ?

LES FRUITS DE LA TRISTESSE SELON DIEU

La tristesse selon Dieu pour le péché, c'est la tristesse pour le péché telle que Dieu l'a voulue. La tristesse selon Dieu produit les fruits suivants:
1. La ferveur,
2. L'indignation,
3. L'alarme,
4. Le languissemment,
5. La préoccupation,
6. L'empressement

à voir la justice faite ; à voir le couteau qui est dans le cœur de Dieu ôté ; à voir la boue jetée sur la face de Dieu enlevée; à voir la communion avec Dieu rétablie.

9 - TROISIÈME ÉTAPE : LA CONFESSION DU PÉCHÉ

LA CONFESSION

«Si nous disons que nous n'avons pas de péché, nous nous séduisons nous-mêmes, et la vérité n'est point en nous. Si nous confessons nos péchés, il est fidèle et juste pour nous les pardonner, et pour nous purifier de toute iniquité. Si nous disons que nous n'avons pas péché, nous le faisons menteur, et sa parole n'est point en nous» (1 Jean 1:8-10).

Le tableau ci-dessous présente la confession selon Dieu par opposition à la confession selon le monde

LA CONFESSION SELON DIEU	LA CONFESSION SELON LE MONDE
1. C'est être totalement en accord avec Dieu. La Bible dit: *«Attache-toi donc à Dieu, et tu auras la paix ; tu jouiras ainsi du bonheur»* (Job 22:21). La Bible dit encore : *«Si nous disons que nous n'avons pas de péché, nous nous séduisons nous-mêmes, et la vérité n'est point en nous. Si nous confessons nos péchés, il est fidèle et juste pour nous les pardonner, et pour nous purifier de toute iniquité»* (1 Jean1:8-9). Dans la confession selon Dieu, un homme confesse exactement ce que Dieu connaît comme nécessitant une confession puisque c'est Dieu qui lui a exposé son péché.	1. C'est comme la tristesse des gens du monde.

2. C'est confesser comme Dieu l'aurait confessé s'Il était à la place du pécheur.

3. C'est confesser comme Dieu voudrait que la confession soit faite.

4. C'est confesser tout ce qui a besoin d'être confessé, afin que si on poussait les investigations, il ne soit jamais révélé qu'il y avait quelque chose que la personne connaissait au sujet du péché, qui aurait dû être confessé, mais qu'il n'a pas confessé.

5. C'est confesser sans aucune intention quelconque de protéger sa propre intégrité devant Dieu et devant l'homme.

6. C'est confesser avec les questions suivantes en pensée: Dieu approuvera-t-Il cette confession comme vraie? Cela pourra-t-il satisfaire Son cœur ? Cela me permettra-t-il de faire du progrès sur le chemin de la restauration au Seigneur?

7. C'est confesser sans un désir quelconque de se justifier.

2. C'est confesser comme les hommes du monde confessent.

3. C'est confesser comme les gens du monde veulent que la confession soit faite.

4. C'est confesser ces parties du péché qui ne sont pas si terribles, de façon que si l'on avait à faire davantage d'investigations, on découvrirait que le pire n'avait pas encore été confessé.

5. C'est confesser avec toute l'intention de sauvegarder l'intégrité du pécheur devant l'homme.

6. C'est confesser tout en ayant en pensée les questions suivantes : Quel est le minimum que je puis exposer tout en étant considéré par l'homme comme ayant tout confessé? Qu'est-ce qui satisfera le cœur de l'homme? Qu'est-ce qui fera accepter à l'homme que l'affaire est réglée une fois pour toutes?

7. C'est confesser avec toute la détermination de se justifier soi-même.

8. C'est confesser sans aucun désir de réduire la gravité du péché qui a été commis.

9. C'est confesser avec le seul désir de faire la paix avec Dieu et avec l'homme.

10. C'est la confession non seulement des actes et des paroles, mais aussi des pensées et des motifs qui sont iniques, ou qui font partie du péché.

11. C'est confesser dans toute la longueur, la profondeur, la largeur et la hauteur du péché commis.

12. C'est confesser en un langage clair de façon que chaque péché est désigné par son nom. Par exemple, le voleur dira j'ai volé et l'adultère confessera et dira «j'ai commis l'adultère.»

8. C'est confesser avec toute l'intention de réduire la gravité du péché qui a été commis.

9. C'est confesser avec toute pensée de paix avec l'homme, mais sans aucune pensée de paix avec Dieu.

10. C'est une confession de ce que l'homme sait déjà, ou pourrait probablement savoir, pendant que tout est fait pour cacher ce que l'homme pourrait ne pas connaître comme étant péché en pensées et en motifs.

11. C'est confesser en partie.

12. C'est confesser avec un langage vague, de façon à ce que ce qui est péché ne soit pas immédiatement évident. Par exemple, le voleur pourra dire : «J'ai pris quelque chose qui n'était pas à moi.», et l'adultère pourra dire : «J'étais engagé dans une relation qui ne glorifie pas le Seigneur.»

13. C'est confesser en un langage et en des termes les plus clairs, de façon qu'on n'ait pas besoin d'interroger davantage pour connaître le péché tel qu'il est.

14. C'est la confession qui fait ressortir les chiffres, les circonstances et les dates. Par exemple, le voleur confessera: «à cette date, j'ai volé telle somme d'argent d'un homme à tel endroit, et j'ai utilisé l'argent pour acheter telle ou telle chose.»

15. C'est la confession qui est un fruit de la révélation divine.

16. C'est confesser sans aucun désir de pallier le péché pour que l'image du moi soit intacte.

17. C'est confesser tout en endossant sur soi tout le blâme pour le péché. Si Adam devait entreprendre la confession selon Dieu, il aurait reconnu le fait que Dieu lui avait clairement dit de ne pas manger du fruit de l'arbre défendu. Il aurait davantage reconnu que, lorsque sa femme lui donna le fruit, il savait qu'il était en train de désobéir à Dieu, mais croyait que

13. C'est confesser de telle manière qu'on ait besoin d'interroger davantage et de faire davantage de recherches pour avoir la véritable image.

14. C'est la confession qui laisse intentionnellement de côté les chiffres et les dates, de même que d'autres circonstances. Par exemple, le voleur pourrait dire : «Dans le passé, j'avais volé de l'argent et je ne sais pas ce qui s'est passé avec cet argent.»

15. C'est la confession qui est un résultat des pressions de l'homme.

16. C'est confesser avec tout le désir d'en sortir avec une image du «moi» non ternie.

17. C'est confesser tout en œuvrant pour s'assurer que le blâme pour le péché retombe presque exclusivement sur quelqu'un d'autre. Par exemple, Adam entreprit une confession mondaine de son péché en disant: «*La femme que tu as mise auprès de moi m'a donné de l'arbre, et j'en ai mangé*» (Genèse 3:12). Eve fit

la promesse du serpent serait vraie. Si Eve devait entreprendre la confession selon Dieu, elle aurait reconnu le fait qu'elle savait ce que Dieu voulait, mais que lorsque le serpent fit la suggestion, elle fut emportée par le fait que lorsqu'elle vit que le fruit de l'arbre était bon à manger et agréable à la vue, et aussi qu'il était précieux pour ouvrir l'intelligence, elle prit du fruit et en mangea, avec l'intention de jouir du fruit et d'en tirer aussi de la sagesse.

aussi une confession mondaine en disant : «*Le serpent m'a séduite, et j'en ai mangé*» (Genèse 3:13). Adam blâma Dieu d'avoir mis une femme auprès de lui. Il ne la reconnut même pas comme étant sa femme. Il la méconnut, fit retomber la faute sur Dieu et sur elle, et donna de lui-même l'image d'une innocente victime de leur activité combinée.

18. C'est confesser, afin que Dieu soit exalté. C'est confesser sans aucune tentative de blâmer Dieu.

18. C'est confesser, afin que l'homme, spécialement le pécheur, soit exalté. C'est confesser de façon que quelqu'un d'autre, même Dieu, puisse en porter le blâme. Par exemple, quelqu'un qui commet la gloutonnerie pourrait dire qu'il est en train de confesser le péché, alors qu'il est en train d'en rejeter les responsabilités sur son ancêtre ou sur Dieu qui lui a donné un si dangereux appétit. L'adultère ou le fornicateur pourrait rejeter la faute sur Dieu qui lui a donné une si forte attraction sexuelle, ou sur les femmes qui sont si belles et si

19. C'est confesser, afin que la conséquence du péché sur la personne de Dieu, sur la nature de Dieu et sur la gloire de Dieu soit ôtée et effacée.

20. C'est confesser, afin que les conséquences du péché sur les programmes de Dieu soient effacées.

21. C'est confesser, avec l'intention que le problème soit résolu à partir de la racine et résolu une fois pour toutes.

22. Elle est entièrement orientée vers Dieu dans sa nature et son but.

23. Elle conduit le pécheur à être accepté par Dieu.

24. Elle vient après la tristesse selon Dieu.

séduisantes, si bien que lui qui n'est qu'un humain, ne peut rien faire d'autre que de succomber.

19. C'est confesser, afin que la conséquence du péché sur les plans et les intérêts du pécheur soit ôtée, sans aucune pensée sérieuse sur les intérêts de Dieu qui sont mis en danger par le péché.

20. C'est la confession qui vise à faire marcher les choses en faveur du pécheur, même si le problème n'est pas diagnostiqué à la racine.

21. C'est la confession qui se contente des réponses temporaires, même si les causes fondamentales ne sont pas diagnostiquées et traitées.

22. Sa nature et son but sont entièrement orientés vers l'homme.

23. Elle conduit la personne coupable à être acceptée par l'homme.

24. Elle vient après la tristesse selon le monde.

25. Aaron aurait dû faire une confession selon Dieu en disant ce qui suit: «Quand le peuple vit que Moïse tardait à descendre de la montagne, il s'assembla autour de moi et dit: Allons ! Fais-nous un dieu qui marche devant nous, car ce Moïse, cet homme qui nous a fait sortir du pays d'Egypte, nous ne savons ce qu'il est devenu. J'ai voulu leur faire plaisir. C'est pourquoi je leur ai dit : «ôtez les anneaux d'or qui sont aux oreilles de vos femmes, de vos fils et de vos filles, et apportez-les moi. Et tous ôtèrent les anneaux d'or qui étaient à leurs oreilles, et me les apportèrent. Je les reçus de leurs mains, jetai l'or dans un moule, et fis un veau en fonte. Et ils dirent : Israël ! voici ton dieu, qui t'a fait sortir du pays d'Egypte.»

26. C'est confesser tout en endossant la responsabilité de tout le péché. Par exemple : si un homme contribue pour 1 % à un péché et un autre homme contribue pour 99 % au même péché,

25. Aaron fit plutôt une confession mondaine comme suit : «Que la colère de mon Seigneur ne s'enflamme point! Tu sais toi-même que ce peuple est porté au mal. Ils m'ont dit : Fais-nous un dieu qui marche devant nous ; car ce Moïse, cet homme qui nous a fait sortir du pays d'Egypte, nous ne savons ce qu'il est devenu. Je leur ai dit: que ceux qui ont de l'or, s'en dépouillent! Et ils me l'ont donné ; je l'ai jeté au feu, et il en est sorti ce veau!»

Aaron blâma le peuple. Aaron laissa de côté autant de faits qu'il pouvait, en relatant l'événement. Il laissa de côté ce qui l'exposait, et ainsi peignit une image innocente de lui-même. Il refusa de dire qu'il avait demandé qu'on lui apporte les anneaux d'or. Il ne mentionna pas le fait qu'il avait fabriqué une idole, et ainsi de suite. C'est en cela la confession mondaine !!

26. C'est confesser tout en faisant toute chose pour faire retomber tout le blâme du péché sur quelqu'un d'autre.

si celui qui a contribué pour 1 % est en train de confesser, il faut qu'il le fasse comme s'il avait péché à 100% et l'autre personne à 0%.

27. C'est confesser tout en protégeant l'intégrité de toute personne et de chaque personne qui a fait partie du péché. Par exemple, quand David confessa son péché d'adultère avec Bathseba, il ne mentionna pas le nom de celle-ci. Il ne dit rien qui pouvait l'exposer. Il n'avait même pas prié publiquement pour elle de façon que quelqu'un puisse la reconnaître à partir de la prière. Il confessa: «Car je reconnais mes transgressions.» Il ne dit pas «car je reconnais nos transgressions.» Il dit : «Mon péché est constamment devant moi.» et non «notre péché est constamment devant moi.» Il dit : «J'ai péché contre toi seul, et j'ai fait ce qui est mal à tes yeux, en sorte que tu seras juste dans ta sentence, sans reproche dans ton jugement.»

27. C'est confesser en exposant les autres avec qui le péché a été commis et ainsi, répandre la culpabilité et le blâme, pour qu'il ne retombe pas uniquement sur celui qui est en train de confesser. C'est la confession qui dit : «Je vais exposer tous ceux qui sont concernés, afin que nous soyons tous pardonnés ensemble ou punis ensemble.» «Pourquoi devrais-je mourir seul?» C'est la confession qui dit: «Il faut que j'expose toutes les autres personnes concernées. Il se pourrait qu'à cause d'eux, je sois traité avec miséricorde.» Comme on peut le voir, le centre de cela c'est le «moi» et toute autre personne est utilisée.

28. C'est confesser premièrement à Dieu et ensuite à l'homme.

28. C'est confesser uniquement à l'homme.

29. Elle conduit à chercher Dieu.

29. Elle conduit à la honte.

30. Elle conduit à la repentance.

31. Elle prend la miséricorde de Dieu comme un don. La Bible dit : «*Repens-toi donc de ta méchanceté, et prie le Seigneur pour que la pensée de ton cœur te soit pardonnée, s'il est possible*» (Actes 8:22). Remarques-tu les mots «s'il est possible ?» Nul ne peut être sûr que s'il pèche, il sera pardonné. La Bible dit encore: «*Si quelqu'un voit son frère commettre un péché qui ne mène point à la mort, qu'il prie, et Dieu donnera la vie à ce frère, il la donnera à ceux qui commettent un péché qui ne mène point à la mort. Il y a un péché qui mène à la mort; ce n'est pas pour ce péché-là que je dis de prier. Toute iniquité est un péché, et il y a tel péché qui ne mène pas à la mort*» (1 Jean 5:16-17). La Bible dit encore : «*Or, il ne faut pas qu'un serviteur du Seigneur ait des querelles ; il doit, au contraire être affable pour tous, propre à enseigner, doué de patience; il doit reprendre avec douceur les adversaires, dans l'espérance que Dieu leur donnera la repentance pour arriver à la connaissance de la vérité*» (2 Timothée 2:24-25).

30. Elle conduit à recommencer le péché.

31. Elle présume qu'il y aurait le pardon. On prend le pardon comme un droit et par conséquent on pèche de façon répétée à cause de la pensée qu'on sera toujours pardonné.

32. L'exemple de Saul de Tarse. Il dit : «*Je rends grâces à celui qui m'a fortifié, à Jésus-Christ notre Seigneur, de ce qu'il m'a jugé fidèle, en m'établissant dans le ministère, moi qui étais auparavant un blasphémateur, un persécuteur, un homme violent. Mais j'ai obtenu miséricorde, parce que j'agissais par ignorance, dans l'incrédulité ; et la grâce de notre Seigneur a surabondé, avec la foi et l'amour qui est en Jésus-Christ*» (1 Timothée 1:12-14). Il avait obtenu miséricorde parce qu'il avait agi dans l'ignorance et l'incrédulité. S'il avait péché délibérément après qu'il eut connu la vérité, nous ne pourrions pas garantir le fait qu'il aurait obtenu miséricorde et reçu la grâce de notre Seigneur de façon surabondante, avec la foi qui est en Christ Jésus.

32. L'exemple de Simon. La Bible dit : «*Il y avait auparavant dans la ville un homme nommé Simon, qui, se donnant pour un personnage important, exerçait la magie et provoquait l'étonnement du peuple de la Samarie. Tous, depuis le plus petit jusqu'au plus grand, l'écoutaient attentivement, et disaient celui-ci est la puissance de Dieu, celle qui s'appelle la grande. Ils l'écoutaient attentivement, parce qu'il les avait longtemps étonnés par ses actes de magie. Mais quand ils eurent cru à Philippe, qui leur annonçait la bonne nouvelle du royaume de Dieu et du nom de Jésus-Christ, hommes et femmes se firent baptiser. Simon lui-même crut, et, après avoir été baptisé, il ne quittait plus Philippe, et il voyait avec étonnement les miracles et les grands prodiges qui s'opéraient. Lorsque Simon vit que le Saint-Esprit était donné par l'imposition des mains des apôtres, il leur offrit de l'argent, en disant : accordez-moi aussi ce pouvoir, afin que celui à qui j'imposerai les mains reçoive le Saint-Esprit. Mais Pierre lui dit: «que ton argent périsse avec toi, puisque tu as cru que le don de Dieu s'acquérait à prix d'argent! Il n'y a pour toi ni part ni lot dans cette affaire, car ton cœur n'est pas droit devant Dieu. Repens-toi donc de ta méchanceté,*

et prie le Seigneur pour que la pensée de ton cœur te soit pardonnée, s'il est possible ; car je vois que tu es dans un fiel amer et dans les liens de l'iniquité. Simon répondit: priez vous-mêmes le Seigneur pour moi, afin qu'il ne m'arrive rien de ce que vous avez dit.» (Actes 8:9-24).

Simon ne s'était pas véritablement repenti. Il ne cherchait qu'à être libéré des conséquences de son péché tel que l'avait proclamé Pierre. Il pensait à lui-même; il avait peur pour lui-même et voulait que tout aille bien pour lui. Il n'avait aucune pensée pour Dieu qu'il avait offensé. C'est en cela que consiste la repentance selon le monde.

LES LOIS DE LA CONFESSION

Il y a certaines lois qui régissent l'art spirituel de la confession. Nous les citons ici, afin de guider le peuple de Dieu.

Loi N¡1

Ne confesse aucun péché à Dieu que tu n'aies résolu d'abandonner. Lui exposer un péché que tu as l'intention de continuer à pratiquer, c'est enfoncer un autre couteau dans Son cœur. C'est se moquer terriblement de Lui.

Loi N¡2

En principe, les péchés qui sont commis en pensées ne doivent être confessés qu'à Dieu. Il a vu et Il connaît les pensées, ainsi donc, Lui seul doit recevoir la confession. Il y a le cas d'un homme marié qui confessa à une jeune fille qu'il était en train d'avoir des pensées impures à son sujet. La fille fut flattée et se mit à brûler de passion inique pour cet homme. Il n'aurait jamais dû le lui confesser. Il aurait dû le confesser uniquement à Dieu. Si après la confession à Dieu, il avait continué à avoir des problèmes, il aurait dû chercher le conseil et le ministère pastoral d'un pasteur mûr de même sexe que lui.

Loi N¡3

Tous les péchés doivent être confessés à Dieu. Tout péché est d'abord contre Dieu et Il devrait être le premier à en entendre parler.

Loi N¡4

Dans la confession à Dieu, tous les détails doivent être mentionnés: la motivation, les épreuves, les excuses, les tentatives d'y échapper, la chute, etc. C'est mauvais de se dérober des détails en disant: «Dieu, tu connais le péché que j'ai commis». Parle-Lui s'en comme s'il ne savait rien à ce sujet. Parle-Lui s'en comme s'Il entendait parler pour la première fois. Parle-Lui s'en comme s'il fallait qu'Il ait tous les détails avant de décider de ce qui doit t'arriver. Parle-Lui s'en comme si personne d'autre n'ajoutera quelque chose à ce que tu dis et comme si le futur dépendait du fait qu'Il ait tous les détails.

Loi N ¡5

La confession à l'homme devrait être faite à celui contre qui le péché a été commis, et à celui qui va le plus probablement souffrir la conséquence du péché. La confession à l'homme devrait aussi être faite à tous ceux qui sont au courant du péché commis. Cela signifie que certaines confessions devront être faites à une personne, d'autres faites à deux personnes ; et d'autres faites à un petit groupe; d'autres faites à une assemblée (une église), une congrégation ; d'autres à un village ou à une ville et d'autres encore à la nation entière, à un continent et à la planète. Tout dépend de celui contre qui le péché a été commis, et de celui qui souffrira à cause du péché.

Loi N ¡6

Dans des situations rares et exceptionnelles, il est conseillé de confesser le péché à Dieu et à quelqu'un d'autre qui est un dirigeant spirituel, si l'on considère que la confession à la partie concernée par les conséquences pourrait détruire complètement la personne. Quand tu as des doutes, cherche un conseil pastoral mûr.

Loi N¡7

Dans les confessions publiques ou privées à un petit groupe, il y a des choses qui devraient être confessées au dirigeant seul, et qui ne doivent pas être mentionnées devant tout le groupe, parce que certains pourraient être découragés dans leur marche avec Dieu ; encouragés à craindre moins Dieu ; encouragés à pécher ou à apprendre comment pécher à cause de ce qu'ils ont entendu dire pendant la confession. Nous insistons encore qu'il faut rechercher un conseil pastoral mûr. On devrait discuter et s'accorder sur certaines choses, afin que tout soit fait pour la gloire du Seigneur. Si ton pasteur n'est pas mûr, cherche dans la congrégation quelqu'un qui est mûr et profond dans les choses de Dieu, et laisse-toi diriger par lui. S'il n'y a pas de telles personnes dans ton église, cherche conseil ailleurs. Ouvre-toi à être aidé par quelqu'un dans le Corps de Christ, et ce Corps est plus grand que ton église, ta dénomination, ta nation ou ton continent. Cependant, tu ne dois pas chercher le conseil pastoral ailleurs, parce que tu veux jouer à l'hypocrite en ne voulant pas que ceux qui te sont directement liés te connaissent pour celui que tu es. Si tu veux te cacher, tu n'es pas encore prêt pour la confession selon Dieu, et tout ce que tu feras ne conduira pas à la bénédiction.

Loi N¡8

Rassure-toi que tu confesses chaque péché que tu commets, immédiatement à Dieu. N'essaie pas d'effacer le péché de ta mémoire. Confesse-le. Si une pensée impure survient dans ta tête, reconnais-la et dis à Dieu : «J'ai commis la fornication (ou l'adultère selon le cas). Seigneur, pardonne-moi, purifie-moi et restaure-moi à toi-même». Si possible, arrête tout ce que tu es en train de faire et prends du temps pour accomplir la confession.

Si tu t'es livré au commérage,
Si tu as exposé les fautes de quelqu'un à un autre,

Si tu as menti,
Si tu as exagéré,
Si tu as été en colère,
Si tu as eu une pensée vaine,
Si tu as blâmé quelqu'un pour ta faute,
Si tu as été irrespectueux,
Si tu as été impoli, et as commis tout autre péché qui pourrait être considéré comme petit,
alors tu dois te rassurer que chacun de ces péchés est confessé au Seigneur et à l'homme, là où c'est nécessaire. Si les péchés sont confessés aussitôt qu'ils sont commis, ou bien dès qu'ils nous sont exposés par le Saint-Esprit, la communion avec Dieu sera maintenue et la sensibilité spirituelle ne sera pas perdue.

Loi N ¡9

Il se pourrait qu'une confession initiale ouvre la voie au Saint-Esprit pour qu'Il entreprenne une œuvre plus profonde de conviction, et qu'il expose davantage des aspects plus horribles du péché. Sois prêt à continuer à confesser selon qu'Il expose les choses. N'arrête jamais de confesser, pendant qu'Il continue à exposer !

Loi N ¡10

Confesse tout péché que tu reconnais avoir commis, même si tu ne ressens pas encore la tristesse dans ton cœur. Très souvent, la confession des lèvres conduira à la conviction avec le cœur et dans le cœur. Quelquefois, l'action du cœur doit précéder celle des lèvres. Quelquefois aussi, l'action des lèvres doit précéder celle du cœur. Sois encouragé par la relation qui existe entre confesser des lèvres et croire dans le cœur pour le salut. La Bible dit : «*Mais voici comment parle la justice qui vient de la foi: Ne dis pas en ton cœur : Qui montera au ciel ? C'est en faire descendre Christ ; ou : Qui descendra dans l'abîme? C'est faire remonter Christ d'entre les morts. Que dit-elle donc ? La parole est près de toi, dans ta bouche et dans ton cœur. Or, c'est la parole de la foi, que nous prêchons. Si tu confesses de ta bouche le Seigneur Jésus, et si tu crois dans ton cœur que Dieu l'a ressuscité des morts, tu seras sauvé. Car c'est en croyant du cœur qu'on parvient à la justice, et c'est en confessant de la bouche qu'on parvient au salut»* (Romains 10:6-10).

Vois-tu ce que cela signifie ? Premièrement, tu confesses de la bouche et tu crois dans ton cœur et tu es sauvé. Deuxièmement, tu crois dans ton cœur et tu es justifié, et tu confesses de ta bouche et tu es sauvé.

Ainsi donc, le salut pourrait commencer en confessant de la bouche ou en croyant du cœur. Peu importe ce qui vient en premier lieu, pourvu que l'autre suive.

Pareillement, dans la confession du péché, si la conviction dans le cœur précède la confession de la bouche, c'est bien. Cependant, s'il n'y a pas de conviction évidente dans le cœur, va de l'avant. Confesse de tes lèvres et crois que Dieu poussera ton cœur à suivre.

En fait, établis cela comme une règle personnelle de toujours confesser de ta bouche à Dieu et à l'homme, un péché quelconque que tu as commis. La conviction du cœur s'en suivra. Amen.

Loi N ¡11

La confession ne doit pas être faite à la légère. Chaque péché est un couteau enfoncé dans le cœur de Dieu. Comment peut-il être confessé légèrement, en gesticulant et en riant ? Comment le péché peut-il être exposé de manière à égayer l'auditoire ? Ceci est très horrible. Il y a des gens qui exposent les péchés qu'ils n'ont pas commis comme s'ils les avaient commis. Ils disent parfois que c'est pour s'humilier eux-mêmes ou pour aider les autres à confesser leurs propres péchés. Il est inutile de mentionner le fait que la fausseté ne peut qu'accroître les péchés de celui qui ment. Elle ne peut faire aucun bien à la personne. Elle ne peut pas produire de l'humilité et ne conduira les autres qu'à suivre le chemin du péché, c'est-à-dire à ajouter péché sur péché.

Loi N $_i$12

Ceux qui entendent la confession de quelqu'un et en font un sujet de commérage deviennent coupables devant Dieu autant que ceux qui ont commis le péché confessé. Ils deviennent pire que ceux qui ont commis le péché et l'ont confessé, car ceux-ci sont libérés, alors que ceux-là entrent dans la culpabilité et dans une relation brisée avec Dieu. Il faut qu'ils se repentent, sinon, ils auront de sérieux problèmes.

T'es-tu repenti du péché de commérage au sujet de la confession des autres ? Fais quelque chose à ce sujet aujourd'hui. Fais quelque chose à ce sujet maintenant!

*

10 - QUATRIEME ÉTAPE: ABANDONNER LE PÉCHÉ

ABANDONNER LE PÉCHÉ

«*Celui qui cache ses transgressions ne prospère point, mais celui qui les avoue et les délaisse obtient miséricorde*» (Proverbes 28:13).

«*Mais autant les cieux sont élevés au-dessus de la terre, autant sa bonté est grande pour ceux qui le craignent ; autant l'orient est éloigné de l'occident, autant il éloigne de nous nos transgressions. Comme un père a compassion de ses enfants, l'Eternel a compassion de ceux qui le craignent. Car il sait de quoi nous sommes formés, il se souvient que nous sommes poussière*» (Psaumes 103:11-14).

L'ABANDON DU PÉCHÉ SELON DIEU

1. C'est abandonner le péché d'une manière qui satisfait totalement le cœur de Dieu.

2. C'est garder une distance maximum entre soi et le péché, et entre moi et toute tendance ou manifestation qui pourrait conduire au péché. C'est se séparer du péché comme un bon chauffeur mettrait des kilomètres entre lui et le bord d'un précipice.

L'ABANDON DU PÉCHÉ SELON LE MONDE

1. C'est abandonner le péché d'une manière telle que l'homme soit satisfait.

2. C'est garder le minimum de distance entre soi et le péché, c'est-à-dire rester le plus près possible de l'acte du péché sans effectivement y tomber. C'est se séparer soi-même du péché comme un mauvais conducteur qui se rapprocherait le plus possible d'un précipice en disant : «je sais comment me tirer de telles situations».

3. C'est garder le maximum de distance entre soi-même et la personne, ou le lieu où le péché a été commis dans le passé. Par exemple, ma voiture fut cognée dans une rue de Yaoundé et pendant les cinq années qui suivirent, je n'étais jamais passé avec ma voiture dans cette rue. Même aujourd'hui, quinze ans après cet accident, je pense que je ne suis passé par là que trois ou quatre fois.

4. C'est fuir le péché sans aucune confiance en sa propre capacité à résister à la tentation.

5. C'est abandonner le péché dans le cœur.

6. C'est abandonner le péché dans l'âme.

7. C'est abandonner le péché de telle manière que Dieu sache qu'il a été abandonné

8. C'est abandonner les motifs, les pensées, les paroles, les regards et les actes qui conduisaient à l'acte du péché.

3. C'est garder un contact étroit, ou se rendre à l'endroit où le péché a été commis dans le passé. C'est rester proche de celui avec qui le péché a été commis, se disant que cela ne se reproduira plus.

4. C'est rester proche du péché tout en faisant confiance à sa propre capacité de résister à la tentation.

5. C'est abandonner le péché seulement extérieurement.

6. C'est entretenir le péché dans l'âme.

7. C'est abandonner le péché de façon que l'homme sache qu'il a été abandonné.

8. C'est entretenir les motifs, les pensées, les paroles, les regards et les actes qui conduisent à l'acte de péché, tout en s'éloignant de l'acte final du péché.

9. C'est abandonner ce que Dieu connaît comme étant le péché. Par exemple, Jésus a enseigné disant : «*Vous avez appris qu'il a été dit: tu ne commettras point d'adultère. Mais moi, je vous dis que quiconque regarde une femme pour la convoiter a déjà commis un adultère avec elle dans son cœur*» (Matthieu 5:27-28).

10. C'est abandonner tout ce que Dieu sait comme étant péché : motifs, pensées, regards, touchers, paroles, et tout autre péché, y inclus ce qui a une apparence d'innocence, mais qui est trompeur.

11. C'est abandonner tout péché en tout temps.

12. C'est confronter le fait que chaque motif, pensée, parole, regard et toucher pourra avoir des conséquences lointaines dans le temps et dans l'éternité, et devra donc être considéré avec sérieux.

13. C'est bâtir immédiatement des barrières pour empêcher le retour au péché.

9. C'est abandonner ce que l'homme sait comme étant le péché ; c'est-à-dire les actes évidents de péché, alors qu'on se livre aux actes raffinés de péché et qu'on y prend plaisir.

10. C'est abandonner tout ce que l'homme considère comme péché.

11. C'est abandonner tout péché pour le moment.

12. C'est le refus de confronter le fait que chaque motif, pensée, parole, regard et toucher pourrait avoir des conséquences lointaines dans le temps et dans l'éternité, et devrait donc être considéré avec sérieux.

13. C'est ne pas bâtir immédiatement des barrières pour empêcher le retour au péché. C'est dire : «Je vais bientôt faire quelque chose» et ensuite ne rien faire à ce sujet.

14. C'est bâtir des barrières permanentes pour empêcher le retour au péché. Par exemple, brûler le bateau ; détruire le pont ; rompre la relation ; déménager; changer de ville ou de pays qui constituent une source de véritable tentation.

14. C'est ne pas bâtir une barrière permanente, et ainsi, rendre possible le retour au péché. C'est dire : «Séparons-nous pour maintenant.» C'est planifier de pécher à nouveau lorsqu'on aura développé des méthodes s'assurant qu'on n'est pas attrapé.

15. C'est entreprendre la chirurgie radicale suggérée par le Seigneur Jésus lorsqu'Il dit:«*Si ton œil droit est pour toi une occasion de chute, arrache-le et jette-le loin de toi; car il est avantageux pour toi qu'un seul de tes membres périsse, et que ton corps entier ne soit pas jeté dans la géhenne. Et si ta main droite est pour toi une occasion de chute, coupe-la et jette-la loin de toi; car il est avantageux pour toi qu'un seul de tes membres périsse, et que ton corps entier n'aille pas dans la géhenne*» (Matthieu 5:29-30).

15. C'est refuser d'entreprendre la chirurgie radicale qui va s'assurer que la source de la tentation est ôtée de façon permanente et à n'importe quel prix.

16. C'est l'engagement à traiter durement son corps selon la Parole. Par exemple, l'apôtre Paul écrivit : «*Ne savez-vous pas que ceux qui courent dans le stade courent tous, mais qu'un seul remporte le prix ? Courez de manière à le remporter. Tous ceux qui combattent s'imposent toute*

16. C'est refuser de traiter durement son corps selon la Parole, et prendre plutôt une position indulgente.

espèce d'abstinences, et ils le font pour obtenir une couronne corruptible ; mais nous, faisons-le pour une couronne incorruptible. Moi donc, je cours, non pas comme à l'aventure; je frappe, non pas comme battant l'air. Mais je traite durement mon corps et je le tiens assujetti, de peur d'être moi-même désapprouvé après avoir prêché aux autres»
(1 Corinthiens 9:24-27).

17. Ce sont des paroles suivies par des actes.

17. Ce ne sont que des paroles.

18. C'est publier le fait qu'un péché a été abandonné, et publier les barrières bâties, afin de ne pas retourner au péché, pour prendre les autres à témoin pour ne pas retourner au péché, dans les moments de grande tentation.

18. C'est garder pour soi-même chaque décision à arrêter et à abandonner le péché, pour que ce soit facile de retourner au péché.

19. Cela conduit à la délivrance permanente du péché.

19. Cela conduit à un assujetissement permanent au péché.

UN EXEMPLE DE FUITE DEVANT LE PÉCHÉ

La meilleure façon de fuir le péché, c'est de ne jamais le commettre du tout. Décider de le commettre dans l'espoir qu'on l'éviterait à la deuxième confrontation, c'est de la folie. Celui qui cède au péché la première fois, y cédera probablement à une occasion subséquente. D'autre part, la personne qui résiste à la tentation de commettre un péché particulier une première fois, trouvera plus facile d'y résister la deuxième fois.

L'écrivain de cantique proclama avec sa plume :

> Ne cède point à la tentation, car céder c'est pécher,
> Chaque victoire t'aidera à vaincre une autre fois,
> Combats vaillamment de l'avant,
> Assujettis les passions ténébreuses,
> Regarde toujours à Jésus, Il te soutiendra jusqu'au bout.

> Demande au Sauveur de t'aider,
> De te réconforter, de te fortifier, de te garder,
> Il est disposé à t'aider
> Il te soutiendra jusqu'au bout.

> Evite les mauvais compagnons, dédaigne le mauvais langage,
> Prends avec révérence le nom de Dieu, ne le prends pas en vain.
> Sois réfléchi et sérieux, bienveillant et vrai;
> Regarde toujours à Jésus, Il te soutiendra jusqu'au bout.

A celui qui vaincra, Dieu donnera une couronne. Par la foi

nous vaincrons, bien que souvent abattus;
Celui qui est notre Sauveur, renouvellera notre force;
Regarde toujours à Jésus, Il te soutiendra jusqu'au bout.
S.S and S. N ¡ 698 (Traduction).

Joseph démontra cela en face de grandes tentations. La Bible dit : «*Or Joseph était beau de taille et de figure. Après ces choses, il arriva que la femme de son maître porta les yeux sur Joseph, et dit: couche avec moi ! Il refusa, et dit à la femme de son maître : voici, mon maître ne prend avec moi connaissance de rien dans la maison, et il a remis entre mes mains tout ce qui lui appartient. Il n'est pas plus grand que moi dans cette maison, et il ne m'a rien interdit, excepté toi, parce que tu es sa femme. Comment ferais-je un aussi grand mal et pécherais-je contre Dieu? Quoiqu'elle parlât tous les jours à Joseph, il refusa de coucher auprès d'elle, d'être avec elle. Un jour qu'il était entré dans la maison pour faire son ouvrage, et qu'il n'y avait là aucun des gens de la maison, elle le saisit par son vêtement, en disant : couche avec moi! Il lui laissa son vêtement dans la main, et s'enfuit au dehors. Lorsqu'elle vit qu'il lui avait laissé son vêtement dans la main, et qu'il s'était enfui dehors, elle appela les gens de sa maison, et leur dit : voyez, il nous a amené un Hébreu pour se jouer de nous. Cet homme est venu vers moi pour coucher avec moi; mais j'ai crié à haute voix. Et quand il a entendu que j'élevais la voix et que je criais, il a laissé son vêtement à côté de moi et s'est enfui dehors. Et elle posa le vêtement de Joseph à côté d'elle, jusqu'à ce que son maître rentre à la maison. Alors elle lui parla ainsi : l'esclave Hébreu que tu as amené est venu vers moi pour se jouer de moi. Et comme j'ai élevé la voix et que j'ai crié, il a laissé son vêtement à côté de moi et s'est enfui dehors*» (Genèse 39:1-12).

11- CINQUIÈME ÉTAPE : LA RESTITUTION

LA RESTITUTION

La personne qui a véritablement vu le mal que son péché a causé aux autres, non seulement arrangera les choses avec Dieu, mais œuvrera de toute sa force, autant que cela est humainement possible, pour arranger les torts qui ont été causés aux autres par son péché, et par ses attitudes pécheresses. Cette disposition à mettre de l'ordre là où on avait semé le désordre dans le passé est une évidence claire pour Dieu et pour l'homme qu'on regrette véritablement son péché, et qu'on est déterminé à ne plus jamais y retourner.

LA RESTITUTION SELON DIEU *(AUTHENTIQUE)*	LA RESTITUTION SELON LE MONDE *(SUPERFICIELLE)*
1. C'est le fruit de la révélation divine.	1. C'est le fruit de la pression humaine.
2. La personne vise à satisfaire en priorité les standards de Dieu.	2. Elle ne vise qu'à se venger de l'homme.
3. Elle recherche l'approbation de Dieu, elle cherche à l'accomplir telle que Dieu veut qu'elle soit accomplie.	3. Elle a peur de confronter la lumière de Dieu.
4. La restitution est profonde et minutieuse, complète.	4. Elle est superficielle.

LE CHEMIN DE RETOUR À DIEU

5. La personne confronte carrément chaque aspect, priant que le Saint-Esprit Lui montre tous les actes de péché qui étaient commis et oubliés, et pour lesquels il faut faire la restitution.

6. Elle n'a aucun désir de se ménager soi-même.

7. Elle a les yeux fixés sur ce que l'autre personne perd et languit de s'assurer que la restitution est complètement et pleinement réglée.

8. Dans le doute, elle donnera raison à l'autre partie.

9. Elle prendra les devants à n'importe quel prix pour trouver la personne qui a subi le préjudice et corriger les choses.

10. Elle Demandera à Dieu : «Toute la restitution a-t-elle été accomplie?» Elle attendra que Dieu parle. Après que Dieu aura parlé, une deuxième question sera posée : «Mon Dieu, y a-t-il autre chose ?» Elle attendra la réponse et procédera selon la réponse que Dieu aura donnée.

5. Elle touche superficiellement les choses, craignant de découvrir des aspects pour lesquels il faudra entreprendre une restitution coûteuse.

6. Elle est déterminée à se ménager soi-même.

7. Ses yeux sont fixés sur le gain personnel et s'efforce pour voir ce qui peut être fait pour s'assurer que la restitution ne lui coûte pas beaucoup.

8. Dans le doute, elle se donnera raison à elle-même.

9. Elle fera le minimum d'effort pour trouver la personne à qui le tort a été commis, afin d'être à l'aise.

10. Elle n'osera pas poser une telle question de peur que le doigt de Dieu ne pointe la prochaine personne et la prochaine chose.

11. Elle reconnaîtra Sa responsabilité pour tous les aspects, y inclus ceux qui ne peuvent pas être réglés pour le moment, à cause de la pénurie des ressources.

11. Elle ne traitera que les aspects qui peuvent être traités maintenant avec le minimum d'inconfort.

12. Elle demandera à chaque personne qui mérite qu'on lui fasse la restitution : «Es-tu satisfaite de la justice qui t'a été faite, ou bien veux-tu quelque chose de plus ou quelque chose d'autre?»

12. Elle n'est pas préparée à discuter avec la partie qui a été lésée. Elle impose ce qu'elle fera et dit à la personne d'être reconnaissante pour ce qui est en train d'être fait.

13. Elle pourrait souffrir de grandes pertes matérielles. Prenons par exemple le cas de Zachée. S'il avait fait tort aux autres à 12,5 %, cela signifie qu'après la restitution, il se retrouverait sans rien. Il avait donné 50 % aux pauvres. Il lui restait donc 50 %. S'il avait fait tort à 12,5 %, alors une restitution au quadruple signifie que les 50 % restants devaient partir.

13. Elle s'efforce pour s'assurer que les pertes sont minimales..

14. Elle considère que la paix de Dieu reçue pour la restitution divine est meilleure que tous les biens matériels de la terre.

14. Elle n'a aucune sérieuse considération au sujet de ce que Dieu donne à celui qui entreprend la restitution. Son but à lui, c'est d'avoir le maximum de possession et d'aisance, tout en donnant l'apparence de celui qui a restitué.

15. Elle se détermine à demander et à recevoir un pardon authentique.

15. Elle ne se soucie pas du pardon authentique.

LA RESTITUTION

Le genre de restitution que tu effectueras dépendra du genre de péché commis. [Pour une plus ample étude du sujet, consulter dans cette même série, notre livre intitulé : «La Restitution : un Message Important Pour les Vainqueurs.» Le dit livre peut être obtenu aux EDITIONS CHRISTIAN PUBLISHING HOUSE BP 7100 Yaoundé, Cameroun).

La Bible dit : «*Si un homme dérobe un bœuf ou un agneau, et qu'il l'égorge ou le vende, il restituera cinq bœufs pour le bœuf et quatre agneaux pour l'agneau. Si le voleur est surpris dérobant avec effraction, et qu'il soit frappé et meure, on ne sera point coupable de meurtre envers lui ; mais si le soleil est levé, on sera coupable de meurtre envers lui. Il fera restitution; s'il n'a rien, il sera vendu pour son vol ; si ce qu'il a dérobé, bœuf, âne, ou agneau, se trouve encore vivant entre ses mains, il fera une restitution au double. Si un homme fait du dégât dans un champ ou dans une vigne, et qu'il laisse son bétail paître dans le champ d'autrui, il donnera en dédommagement le meilleur produit de son champ et de sa vigne. Si un feu éclate et rencontre des épines, et que du blé en gerbes ou sur pied, ou bien le champ, soit consumé, celui qui a causé l'incendie sera tenu à un dédommagement. Si un homme donne à un autre de l'argent ou des objets à garder et qu'on les vole dans la maison de ce dernier, le voleur fera une restitution au double, dans le cas où il serait trouvé. Si le voleur ne se trouve pas, le maître de la maison se présentera devant Dieu, pour déclarer qu'il n'a pas mis la main sur le bien de son prochain. Dans toute affaire frauduleuse concernant un bœuf, un âne, un agneau, un vêtement, ou un objet perdu, au sujet duquel on dira : c'est cela ! La cause des deux parties ira jusqu'à Dieu ; celui que Dieu condamnera fera à son prochain une restitution au double. Si un homme donne à un autre un âne, un bœuf, un agneau ou un animal quelconque à garder, et que l'animal meure, se casse un membre, ou soit enlevé, sans que personne l'ait vu, le serment au nom de l'Eternel interviendra entre les deux parties, et celui qui a gardé l'animal déclarera qu'il n'a pas mis la main sur le bien de son prochain ; le maître de l'animal acceptera ce serment, et l'autre ne sera point tenu à une restitution. Mais si l'animal a été dérobé chez lui, il sera tenu vis-à-vis de son maître à une restitution. Si l'animal a été déchiré, il le produira en témoignage, et il ne sera point tenu à une restitution pour ce qui a été déchiré. Si un homme emprunte à un autre un animal, et que l'animal se casse un membre ou qu'il meure, en l'absence de son maître, il y aura lieu à restitution. Si le maître est présent, il n'y aura pas lieu à restitution. Si l'animal a été loué, le prix du louage suffira»* (Exode 22:1-15).

«L'Eternel parla à Moïse et dit : Parle aux enfants d'Israël : «Lorsqu'un homme ou une femme péchera contre son prochain en commettant une infidélité à l'égard de l'Eternel, et qu'il se rende ainsi coupable, il confessera son péché, et il restituera dans son entier l'objet mal acquis en y ajoutant un cinquième; il le remettra à celui envers qui il s'est rendu coupable. S'il n'y a personne qui ait droit à la restitution de l'objet mal acquis, cet objet revient à l'Eternel, au sacrificateur, outre le bélier expiatoire avec lequel on fera l'expiation pour le coupable» (Nombres 5:5-8).

La Bible dit encore : *«Jésus, étant entré dans Jéricho, traversait la ville. Et voici, un homme riche, appelé Zachée, chef des publicains, cherchait à voir qui était Jésus; mais il ne pouvait y parvenir, à cause de la foule, car il était de petite taille. Il courut en avant, et monta sur un sycomore pour Le voir, parce qu'il devait passer par là. Lorsque Jésus fut arrivé à cet endroit, il leva les yeux et lui dit : Zachée, hâte-toi de descendre ; car il faut que Je demeure aujourd'hui dans ta maison. Zachée se hâta de descendre, et Le reçut avec joie. Voyant cela, tous murmuraient, et disaient : Il est allé loger chez un pécheur. Mais Zachée, se tenant devant le Seigneur, lui dit : Voici, Seigneur, je donne aux pauvres la moitié de mes biens, et, si j'ai fait tort de quelque chose à quelqu'un, je lui rends le qua-*

druple. Jésus lui dit : *Le salut est entré aujourd'hui dans cette maison, parce que celui-ci est aussi un fils d'Abraham. Car le Fils de l'homme est venu chercher et sauver ce qui était perdu»* (Luc 19:1-10).

Pendant que tu fais face à la question de la restitution, tu pourrais avoir à te poser les questions suivantes pour voir clairement là où tu as besoin d'entreprendre la restitution.

01. Ai-je extorqué le gouvernement d'une manière ou une autre?
 - les frais de douane falsifiés ?
 - les taxes falsifiées ?
 - toute autre affaire ?

02. M'a-t-on payé plus d'argent que je n'aurais dû recevoir d'un gouvernement ou d'une trésorerie quelconque ou n'importe quelque moyen de paiement semblable ?

03. Ai-je jamais usé de fraude vis-à-vis de mes banquiers n'importe comment ?

04. Ai-je jamais usé de fraude vis-à-vis de mes employeurs n'importe comment ?

05. Ai-je volé de mon employeur : de l'argent, des équipements, et différentes facilités ?

06. Ai-je fait des fausses requêtes, ou ai-je exagéré et gonflé les requêtes ?

07. Ai-je réclamé de l'argent pour du travail que je n'avais pas fait?

08. Ai-je volé le temps ?

09. Ai-je fermé mes yeux quand quelqu'un d'autre volait à mon employeur ?

10. Ai-je paru loyal devant lui tout en travaillant contre lui dans les coulisses ?

11. Ai-je été de connivence avec ceux qui étaient contre lui?

12. Ai-je exagéré ses faiblesses et l'ai ainsi minimisé ?
13. L'ai-je consciemment accusé devant les autres pour des choses que je savais qu'il n'avait pas faites ?
14. Ai-je accepté de fausses accusations contre lui par les autres, pour des choses dont je savais qu'il n'était pas coupable ?
15. Ai-je jamais usé de fraude vis-à-vis de mon employé ?
16. Ai-je retenu sa promotion injustement pour mon propre intérêt?
17. Ai-je retenu ses avantages alors qu'il les méritait?
18. L'ai-je exploité d'une manière ou d'une autre ?
19. Ai-je volé dans une boutique quelconque ?
20. M'a-t-on jamais remis plus d'argent que je ne méritais et je l'ai gardé consciemment ?
21. Ai-je promis à quelqu'un de l'argent,
                     quelque chose,
                     un service,
que j'ai ensuite décidé volontairement de ne plus lui donner, prétendant avoir oublié ?
22. Quelqu'un a-t-il confié quelque chose à ma garde, et parce qu'il l'a oublié je l'ai conservé pour moi-même ?
23. Ai-je mélangé de bonnes et mauvaises marchandises, ai-je mis les mauvaises en-dessous des bonnes pour tromper un acheteur?
24. Ai-je déplacé des bornes à mon avantage ?
25. Ai-je vécu dans un appartement en location et ai usé de ruse pour partir sans payer le loyer ?
26. Quelqu'un m'a-t-il envoyé acheter quelque chose et j'ai décidé de garder le reste d'argent?
27. Ai-je utilisé abusivement l'électricité, l'eau, le téléphone, et ainsi de suite, parce que quelqu'un d'autre payait les factures?
28. Ai-je maltraité quelqu'un parce qu'il est d'une tribu ou d'une

nation que je n'aime pas ?

29. Ai-je donné à quelqu'un plus de points qu'il ne méritait parce que je voulais l'utiliser ?

30. Ai-je donné à quelqu'un moins de points qu'il les méritait parce que je le déteste ou pour toute autre raison ?

31. Ai-je donné arbitrairement des points pour des copies que je n'ai pas soigneusement lues et évaluées ?

32. Ai-je falsifié mon âge pour passer un concours ou obtenir un emploi ?

33. Ai-je promis le mariage à quelqu'un, ensuite je l'ai utilisé et j'ai cherché une fausse raison pour rompre la relation?

34. Ai-je rendu une fille enceinte, ensuite j'ai refusé de faire face à mes responsabilités sous prétexte que je n'étais pas sûr que c'est moi qui étais l'auteur de la grossesse?

35. Me suis-je enfui loin de mon conjoint pour vivre maritalement avec une autre personne, donnant l'impression à cette dernière que je n'ai jamais été marié?

36. Suis-je en train de cacher à mon conjoint la raison pour laquelle nous ne pouvons pas avoir d'enfants, une raison qui est due à mon passé de promiscuité ?

37. Ai-je refusé d'assumer mes responsabilités à l'endroit d'un enfant illégitime que j'ai eu avant de croire ?

38. Suis-je en train d'empêcher à mon conjoint d'assumer la responsabilité d'un enfant qu'il a eu avant que nous ne soyons mariés ?

39. Suis-je en train d'utiliser mon corps comme un instrument de prostitution avec mon conjoint ?

40. Suis-je injuste dans le traitement des parents de mon épouse, donnant plus d'argent et plus d'attention à mes propres membres de famille?

41. Et ainsi de suite ?

Pendant que tu réponds à ces questions, tu confronteras des aspects financiers et moraux au sujet desquels tu devrais entreprendre la restitution. Fais-le.

Zachée savait ce que la Bible disait au sujet de la restitution. Quand il reçut le Seigneur Jésus, il sut immédiatement qu'il ne pouvait pas se dérober de l'importante question de restitution. Il proclama immédiatement à haute voix ce qu'il allait faire. Ce n'est qu'à ce moment que le Seigneur Jésus l'assura du salut en disant: «*Le salut est entré aujourd'hui dans cette maison, parce que celui-ci est aussi un fils d'Abraham. Car le Fils de l'homme est venu chercher et sauver ce qui était perdu*» (Luc 19:9-10).

Toi aussi tu devrais aller et faire de même.
Que Dieu te bénisse.
Amen.

12 - SIXIÈME ÉTAPE: LE PARDON

LE PARDON RECHERCHÉ ET REÇU

«Vous tous qui avez soif, venez aux eaux, même celui qui n'a pas d'argent ! Venez, achetez et mangez, venez, achetez du vin et du lait, sans argent, sans rien payer ! Pourquoi pesez-vous de l'argent pour ce qui ne nourrit pas ? Pourquoi travaillez-vous pour ce qui ne rassasie pas ? Ecoutez-moi donc, et vous mangerez ce qui est bon, et votre âme se délectera de mets succulents. Prêtez l'oreille, et venez à moi, écoutez, et votre âme vivra : je traiterai avec vous une alliance éternelle, pour rendre durables mes faveurs envers David...

Cherchez l'Eternel pendant qu'il se trouve ; invoquez-le, tandis qu'il est près. Que le méchant abandonne sa voie, et l'homme d'iniquité ses pensées ; qu'il retourne à l'Eternel, qui aura pitié de lui, à notre Dieu, qui ne se lasse pas de pardonner...

Oui, vous sortirez avec joie, et vous serez conduits en paix ; les montagnes et les collines éclateront d'allégresse devant vous, et tous les arbres de la campagne battront des mains. Au lieu de l'épine s'élèvera le cyprès, au lieu de la ronce croîtra le myrte; et ce sera pour l'Eternel une gloire, un monument perpétuel, impérissable» (Esaïe 55:1-13).

LE PARDON RECHERCHÉ ET REÇU

Au départ, la personne avait vu le péché tel que Dieu le voyait, était attristée, avait confessé et abandonné le péché, s'était tournée vers l'homme pour accomplir la restitution. Avec la restitution, elle en a fini avec l'homme. Il faut qu'elle se tourne maintenant vers Dieu, qu'elle Lui demande et reçoive son pardon.

Un certain nombre de choses sont incluses dans le pardon.

(1)

La première chose est que Dieu annule le péché et dit, «Je ne vais plus te punir pour cela». Pour que cela soit ainsi, il faut que la personne le demande à Dieu. Elle pourrait dire : «Seigneur, pardonne-moi pour le péché du vol de............ de telle personne». Dieu répond et ce qui était écrit contre le nom de la personne Mr X : Voleur de .... de...... le...... est annulé.

Avec cette annulation, la personne ne sera jamais appelée à répondre pour ce péché devant le barreau de Dieu. C'est réglé à jamais.

(2)

Bien que le péché ait été annulé, le péché annulé restera encore là devant Dieu comme pour Lui rappeler ce qui s'était passé. La personne devrait maintenant chercher à l'effacer. Le Psalmiste cria à Dieu :

«O Dieu ! aie pitié de moi dans ta bonté ; Selon ta grande miséricorde, efface mes transgressions; lave-moi complètement de mon iniquité et purifie-moi de mon péché» (Psaumes 51:3-4).

«Purifie-moi avec l'hysope, et je serai pur;
Lave-moi et je serai plus blanc que la neige»
(Psaumes 51:7).

Lorsque Dieu efface le péché, lorsqu'Il purifie la personne avec l'hysope et que la personne est ainsi purifiée, c'est tel que ce que la personne avait fait est effacé devant Dieu, de manière que lorsque Dieu regarde l'endroit où il y avait le péché annulé, il n'y ait plus rien pour le Lui rappeler. Il efface cela de sa mémoire tant et si bien qu'Il ne se souviendra plus jamais que la personne avait jamais commis un péché quelconque. La Bible dit : «*C'est ce que le Saint-Esprit nous atteste aussi ; car après avoir dit: Voici l'alliance que je ferai avec eux, après ces jours-là, dit le Seigneur : je mettrai mes lois dans leur cœur, et je les écrirai dans leur esprit, il ajoute: et je ne me souviendrai plus de leurs péchés ni de leurs iniquités*» (Hébreux 10:15-17).

(3)

La troisième partie du pardon c'est la purification de toute iniquité. L'apôtre Jean proclame : «*Si nous confessons nos péchés, il est fidèle et juste pour nous les pardonner, et pour nous purifier de toute iniquité*» (1 Jean 1:9).

Cette purification de toute iniquité impartit au purifié un cœur sur lequel le péché s'accrochera difficilement, à moins d'être spécialement aidé par le croyant. Le croyant qui est véritablement pardonné a une grande potentialité de ne pas retomber dans son (ou ses) péché(s). Il a été touché de manière que s'il coopère avec Dieu, il lui sera presqu'impossible de retomber dans le péché. Voilà pourquoi le Seigneur purifie de toute iniquité. Le «toute iniquité» inclut les péchés commis non intentionnellement ou inconsciemment. Il pourrait ne même pas savoir qu'il a péché et pourtant, il a péché. Cela inclut les péchés d'omission. Tous sont effacés, car s'ils ne l'étaient pas, ils affaibliraient sa résistance et contribueraient à le faire pécher consciemment. C'est pourquoi Dieu le purifie de tous ces péchés. Le croyant doit s'assurer qu'il demande cela. Le Psalmiste pria : «*Crée en moi un cœur pur, o Dieu*» (Psaumes 51:13).

(4)

Le péché ayant été traité complètement, la prochaine chose a trait aux conséquences terrestres du péché. Les conséquences spirituelles ont été traitées, mais les conséquences physiques pourraient demeurer. Le croyant doit demander que le Seigneur, dans son merveilleux amour et dans sa miséricorde, les ôte.

Le Psalmiste pria : «*Annonce-moi l'allégresse et la joie, et les os que tu as brisés se réjouiront*» (Psaumes 51:10).

Il cria encore : «*O Dieu, Dieu de mon salut ! délivre-moi du sang versé, et ma langue célébrera ta miséricorde*» (Psaumes 51:16).

Demande au Seigneur d'ôter les conséquences. S'il te plaît insiste pour qu'Il le fasse, bien que tu ne le mérites pas.

(5)

Finalement, demande au Seigneur de te remplir de Son Esprit. Il le fera. Amen.

13 - SEPTIÈME ÉTAPE:
LA RESTAURATION

LA RESTAURATION RECHERCHÉE ET REÇUE

La personne qui est pardonnée peut jouir du privilège de ceux qui sont pardonnés. Elle est remplie du Saint-Esprit. Elle peut aller servir Dieu en qualité de serviteur, et avoir beaucoup de succès. Cependant, il y a quelque chose de plus. Elle peut demander au Seigneur de la restaurer dans Son cœur, afin qu'elle demeure dans Son sein comme un amoureux, et qu'elle soit envoyée à partir de Son sein pour aller servir, en tant qu'un amoureux. Cette possibilité est ouverte à ceux qui demandent et qui insistent que le Seigneur les restaure pleinement dans Son sein. En connais-tu quelque chose dans ta propre expérience? Sinon, demande et il te le sera donné. Amen.

LA RESTAURATION RECHERCHÉE ET REÇUE

Quand le fils prodigue était revenu à son père qui l'attendait, il demanda à être reçu comme un mercenaire. C'est la position la plus élevée qu'il pensait pouvoir atteindre, voyant combien il s'était éloigné de son père, et quel mal il avait causé aux biens de son père, au nom de son père et au tout de son père.

Le père ne le reçut pas au niveau qu'il avait demandé. Il le reçut à nouveau comme un fils, donna un festin, et il y eut de la joie. Il lui donna :
    a -   La plus belle robe,
    b -   un anneau,

c - des sandales,
d - un festin.

Le fils prodigue reçut à son retour plus qu'il n'avait à son départ!!!

Demande au Seigneur de faire pareillement avec toi. Demande-Lui de te donner tout ce qu'Il a de meilleur. Il te le donnera. Demande-Lui une place spéciale dans Son cœur, Il te la donnera. Demande-Lui de te donner le privilège de chanter Ses louanges et de L'adorer incessamment, Il te le donnera. Demande-Lui qu'Il fasse de toi un amoureux spécial, Il le fera. Le Père ne se souvient même pas que tu t'étais une fois éloigné pour aller pécher. Tu dois oublier comme Lui, ensuite jouir de Lui, L'aimer et demeurer dans Sa présence à jamais.

Gloire soit au Seigneur.
Dieu est merveilleux.
Dieu est le Héros.
Tu as reçu une faveur grande et excessive
Alléluia !
Amen !!!

Ce qui s'est passé entre toi et le Seigneur doit aussi se passer entre toi et l'homme, quand tu as fait du mal et que tu as besoin de pardon. Ne cherche pas seulement à être pardonné. Va au-delà. Implore et insiste qu'il te restaure dans Son cœur ; à la place que tu occupais avant que le mal ne soit fait.

Tu dois demander à être pardonné. Quand la personne dit : «Je te pardonne», remercie-la pour cela, ensuite, continue. Demande-lui : «S'il te plaît restaure-moi dans ton cœur ; à la place que j'occupais avant que je ne pèche contre toi.» Si la personne te dit: «Je te restaure dans mon cœur, à la place que tu occupais avant que tu ne pèches,» alors, le travail est accompli, et tu peux t'en aller te réjouissant.

Gloire soit au Seigneur !
Amen !!!

Très important

Si tu n'as pas encore reçu Jésus comme ton Seigneur et Sauveur, je t'encourage à Le recevoir. Pour t'aider, tu trouveras ci-dessous quelques étapes à suivre :

Admets que tu es un pécheur de nature et par habitude, et que par ton effort personnel, tu n'as aucun espoir d'être sauvé. Dis à Dieu que tu as personnellement péché contre Lui en pensées, en paroles et en actes. Dans une prière sincère, confesse-Lui tes péchés l'un après l'autre. N'omets aucun péché dont tu te souviennes. Détourne-toi sincèrement de tes péchés et abandonne-les. Si tu volais, ne vole plus, si tu commettais l'adultère ou la fornication, ne le fais plus. Dieu ne te pardonnera pas si tu n'as pas le désir de renoncer radicalement au péché dans tous les aspects de ta vie ; mais si tu es sincère, Il te donnera la force de renoncer au péché.

Crois que Jésus-Christ qui est le Fils de Dieu, est l'unique Chemin, l'unique Vérité, et l'unique Vie. Jésus a dit : *« Je suis le chemin, la vérité et la vie. Nul ne vient au Père que par moi »* (Jean 14:6). La Bible dit : *« Car il y a un seul Dieu, et aussi un seul médiateur entre Dieu et les hommes, Jésus-Christ homme, qui s'est donné lui-même en rançon pour tous »* (1 Timothée 2: 5-6). *« Il n'y a sous le ciel aucun autre nom qui ait été donné parmi les hommes, par lequel nous devions êtres sauvés »* (Actes 4:12). *« À tous ceux qui l'ont reçu, à ceux qui croient en son nom, elle a donné le pouvoir de devenir enfants de Dieu »* (Jean 1:12). Mais,

Considère le prix à payer pour Le suivre. Jésus a dit que tous ceux qui veulent Le suivre doivent renoncer à eux-mêmes. Cette renonciation implique la renonciation aux intérêts égoïstes, qu'ils soient financiers, sociaux ou autres. Il veut aussi que Ses disciples prennent leur croix et Le suivent. Es-tu prêt à abandonner chaque jour tes intérêts personnels pour ceux de Christ ? Es-tu prêt à te laisser conduire dans une nouvelle direction par Lui ? Es-tu disposé à souffrir et même à mourir pour Lui si c'était nécessaire ? Jésus n'aura rien à faire avec des gens qui s'engagent à moitié. Il exige un engagement total. Il ne pardonne qu'à ceux qui sont prêts à Le suivre à n'importe quel prix et c'est eux qu'Il reçoit. Réfléchis-y et considère ce que cela te coûte de Le suivre. Si tu es décidé à Le suivre à tout prix, alors il y a quelque chose que tu dois faire :

Invite Jésus à entrer dans ton cœur et dans ta vie. Il dit : *« Voici, je me tiens à la porte et je frappe ; si quelqu'un entend ma voix et ouvre la porte (de son cœur et de sa vie), j'entrerai chez lui, je souperai avec lui, et lui avec moi »* (Apocalypse 3:20). Ne voudrais-tu pas faire une prière comme la suivante ou une prière personnelle selon l'inspiration du Saint-Esprit ?

« Seigneur Jésus, je suis un pécheur misérable et perdu, j'ai péché en pensées, en paroles et en actes. Pardonne-moi tous mes péchés et purifie-moi. Reçois-moi, ô Sauveur, et fais de moi un enfant de Dieu. Viens dans mon cœur maintenant même et donne-moi la vie éternelle à l'instant même. Je te suivrai à n'importe quel prix, comptant sur Ton Saint-Esprit pour me donner toute la force dont j'ai besoin. »

Si tu as fait cette prière sincèrement, Jésus t'a exaucé, t'a justifié devant Dieu et a fait de toi à l'instant même, un enfant de Dieu.

S'il te plaît écris-nous afin que nous priions pour toi et que nous t'aidions dans ta nouvelle marche avec Jésus-Christ.

* * *

Si tu as reçu le Seigneur Jésus-Christ après avoir lu ce livre, écris-nous à l'une des adresses suivantes :

Pour l'Europe :
 Editions du Livre Chrétien
 4, Rue du Révérend Père Cloarec
 92400 Courbevoie
 Courriel : editionlivrechretien@gmail.com

Pour l'Afrique :
 Christian Publishing House
 B.P. 7100 Yaoundé
 Cameroun
 Courriel : cphyaounde@yahoo.fr

www.ingramcontent.com/pod-product-compliance
Lightning Source LLC
Chambersburg PA
CBHW061952070426
42450CB00007BA/1308